Rückingen
Fallbach
Oberer
Bärensee
Bad
Markwald
Bruch
L 3193
L 3268
Römerkastell und Römerbad Altenburg
Kinzig
K 854
Wasserburg
Rückinger Wiese
Nachbarswiesen
Erlensee
Schenkeloch
UNESCO Welterbe
Kaiserfeld
Erlensee bei Erlensee
Alterhaag
Unterwald
37 Erlensee
66
45
E 41
Lache
Damburger Lache
Limes
Lamboywald
Disteleck
43 38
Hanauer Kreuz
Am Pfahl
Hüttersteige
Servitenkloster Sankt Wolfgang (Klosterruine)
KD
Forsthaus Wolfgang
Am Kaiserfeld
L 3483
Haltepunkt Rodenbach bei Hanau
Hainisch
Sausteige
Kinzig
Große
Fließender Sand
Rote Lache von Wolfgang
Rote Lache
Doppelbiergraben
43 A
8
Wolfgang
Rübeacker
Bulau
Bismarck-eiche
Brücke gesperrt!
Wanderroute
Limes verlauf

MÄRCHENWEGE
EIN WANDERTAGEBUCH

Die Deutsche Bibliothek verzeichnet diese Publikation in der Deutschen Nationalbibliothek; detaillierte bibliografische Daten sind im Internet über http://dnb.ddb.de abrufbar.

1. Auflage 2019

Hohenlohestraße 21, 28209 Bremen
Tel. 0421-34843-0, Fax 0421-348094
info@edition-temmen
www.edition-temmen.de

Gestaltung, Bildbearbeitung
und Druckvorbereitung: Jens Kaiser
Lektorat: Peter Bier
Gesamtherstellung: EDITION TEMMEN
Printed in Hong Kong
ISBN 978-3-8378-5037-6

GERHARD HENSCHEL · TEXT / GERHARD KROMSCHRÖDER · FOTO

MÄRCHENWEGE

AUF DEN SPUREN DER BRÜDER GRIMM DURCH DEN VOGELSBERG UND DAS HESSISCHE BERGLAND

EIN WANDERTAGEBUCH

FOTOAUSWAHL UND ZUSAMMENSTELLUNG
IN ZUSAMMENARBEIT MIT JENS KAISER

EDITION TEMMEN

Alle Fotos
© Gerhard Kromschröder, außer: Schutzumschlag hintere Klappe Thomas Hegenbart (Porträt Kromschröder); Seite 10/11: Dorlis Blume/Deutsches Historisches Museum, Deutsche Bundesbank, GRIMMWELT/Grimm-Archiv der Stadt Kassel, Wolfgang Schindler.

Alle Fotos sind im Bereich der Wanderroute von Gerhard Henschel und Gerhard Kromschröder entstanden; ein Teil wurde unterwegs direkt am Wegesrand aufgenommen, ein anderer unabhängig von der Tour im Umfeld. Die Auswahl der Fotomotive zwischen den einzelnen Wandertagen folgt nicht dem chronologischen Ablauf, sondern ist allein von grafischen Kriterien bestimmt.

Bei den Abbildungen auf dem Vor- und Nachsatz handelt es sich um vergrößerte Topographische Karten 1 : 25 000 des Hessischen Landesamtes für Bodenmanagement und Geoinformation, von Gerhard Kromschröder vor und während der Wanderung mit handschriftlichen Notizen versehen. Vorsatz: Karten Nr. 5819-Hanau, 5820-Langeselbold. Nachsatz: Karten Nr. 4622-Kassel West, 4623-Kassel Ost, 4722-Niederzwehren, 4723-Oberkaufungen.

Die Karte auf der Seite 11 basiert auf Daten von OpenStreetMaps.

Die Texte dieses Buches folgen der klassischen deutschen Rechtschreibung, aber alle Zitate sind buchstabengetreu übernommen worden.

*„erst die neuere zeit
kennt wandern als das frohe
durchstreifen von natur,
um körper und geist
zu erfrischen."*

Grimms „Deutsches Wörterbuch"

 Jacob Grimm (1785–1863), links, und Wilhelm Grimm (1786–1859) – als Denkmal in Hanau

8 Rotes Sofa mit Jacob und Wilhelm Grimm – im Brüder-Grimm-Haus in Steinau

Kindheitserinnerung: Das Amtshaus in Steinau, in dem der Vater als landgräflicher Beamter mit der Familie lebte

Prominente Professoren: Jacob (rechts) und Wilhelm Grimm 1847 im Fotostudio – da sind sie als Märchensammler längst erfolgreich und als Sprachforscher hoch geachtet

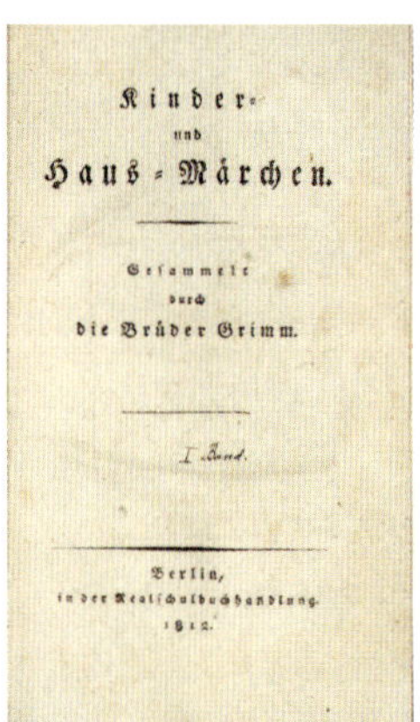

Kinder- und Haus-Märchen.

Gesammelt durch die Brüder Grimm.

I. Band.

Berlin, in der Realschulbuchhandlung. 1812.

Weltberühmt: Grimms Märchen, rechts die Erstausgabe von 1812

Von Dorothea Viehmann lernten die Brüder Grimm viele Märchenstoffe kennen

DIE UNZERTRENNLICHEN

Leben und Wirken von Jacob und Wilhelm Grimm

1785 Jacob Grimm wird in Hanau am Main geboren. Er ist der Älteste des Ehepaars Philipp Wilhelm und Dorothea Grimm. Sein Bruder Wilhelm kommt ein Jahr später zur Welt, darauf folgen noch vier weitere Geschwister, von denen allein Ludwig Emil Grimm sich als Maler einen Namen macht.

1791 Versetzung des Vaters als Amtmann ins 50 Kilometer entfernte Steinau an der Straße, wo dessen Vorfahren als reformierte Geistliche gewirkt hatten; die Familie des landgräflichen Beamten zieht ins großzügige Amtshaus, das heute ein Grimm-Museum beherbergt.

1796 Der Vater stirbt an einer Lungenentzündung, die soziale Situation der Familie verschlechtert sich schlagartig. Da die Witwe keinen Anspruch auf eine Pension hat, ist sie auf die Unterstützung von Freunden und Verwandten angewiesen. Sie muß das Steinauer Amtshaus verlassen und mit ihren unmündigen Kindern im Ort in eine bescheidene Bleibe umziehen.

1798 Die Mutter schickt Jacob und Wilhelm zu ihrer Tante nach Kassel, wo sie das Gymnasium besuchen.

1802 Jacob geht nach Marburg, studiert Jura. Wilhelm folgt ihm ein Jahr später, entscheidet sich ebenfalls für Rechtswissenschaften.

1806 Wilhelm legt sein juristisches Staatsexamen in Marburg ab; Jacob hat sein Studium im Jahr zuvor abgebrochen.

1808 Jacob wird Privatbibliothekar von König Jérôme Bonaparte in Kassel. Die Brüder haben begonnen, Sagen zu sammeln, mittelalterliche Texte zu edieren und die deutsche Sprache wissenschaftlich zu erforschen.

1812 Noch keine 30 Jahre alt, veröffentlichen die Brüder Grimm den ersten Band ihrer „Kinder- und Hausmärchen"; die Sammlung wird sie später weltberühmt machen. Sie wird in 160 Sprachen übersetzt und gilt als das weltweit meistgelesene Buch nach der Bibel.

1819 Jacob und Wilhelm Grimm werden zu Ehrendoktoren der Universität Marburg ernannt. Die Würdigung gilt u.a. ihren journalistischen und wissenschaftlich-philologischen Publikationen sowie ihren Büchern.

1825 Wilhelm heiratet in Kassel seine Jugendfreundin Dorothea Wild, Jacob bleibt ledig. Dennoch bleiben die Brüder, die schon als Kinder im selben Bett geschlafen hatten, bis an ihr Lebensende eng verbunden. Sie leben im selben Haushalt, arbeiten Tür an Tür.

1829 Jacob Grimm erhält nicht, wie erhofft, die Stelle des Bibliothekars an der Fürstlichen Bibliothek in Kassel und geht mit seinem Bruder nach Göttingen, wo sie eine Berufung an die Universität erhalten haben.

1837 Gemeinsam mit fünf weiteren Göttinger Professoren protestieren Jacob und Wilhelm Grimm gegen die Außerkraftsetzung der Verfassung durch den König von Hannover, was zur Entlassung der „Göttinger Sieben" aus dem Universitätsdienst führt; Jacob wird zugleich des Landes verwiesen und kehrt mit Wilhelm nach Kassel zurück.

1838 Beginn der gemeinsamen Arbeit am „Deutschen Wörterbuch", das erst 1961, nach 123 Jahren und 17 Bänden, abgeschlossen sein wird.

1841 Die Brüder, inzwischen Mitte 50, folgen einer Berufung des preußischen Königs Friedrich Wilhelm IV. und ziehen von Kassel nach Berlin, wo sie wieder unter gemeinsamer Adresse leben.

1848 Jacob nimmt als Abgeordneter an der verfassunggebenden Versammlung in der Frankfurter Paulskirche teil.

1859 Wilhelm Grimm stirbt mit 73 Jahren in Berlin, Jacob vier Jahre später mit 78. Auch im Tod bleiben sie unzertrennlich: Ihre Gräber auf dem Alten St.-Matthäus-Kirchhof in Berlin-Schöneberg liegen direkt nebeneinander.

Allgemeine Wertschätzung: Die Brüder Grimm auf dem 1000-DM-Schein von 1992 und als Briefmarkenmotiv 1975 in der DDR

Parlamentsmitglied: In der Frankfurter Paulskirche ist Jacob Grimm 1848 Abgeordneter der verfassunggebenden Versammlung

Seite an Seite, im Leben wie im Tod: Die Gräber von Jacob und Wilhelm Grimm auf dem Friedhof in Berlin-Schöneberg

Durchs Geschichtenland der Brüder Grimm

Die Wanderroute von Gerhard Henschel und Gerhard Kromschröder auf den Spuren der Brüder Grimm beginnt in Hanau am Main, dem Geburtsort der Grimms. Durchs Kinzigtal am Nordrand des Spessarts erreichen die Wanderer Steinau an der Straße, wo die Brüder aufwuchsen. Dort wenden sie sich nordwestlich, um über den Vulkankegel des Vogelsbergs auf Marburg an der Lahn zuzusteuern, den Studienort von Jacob und Wilhelm Grimm. In Nordhessen durchqueren Henschel und Kromschröder dann in nordöstlicher Richtung den Burgwald und passieren die Naturparks Kellerwald und Habichtswald, um schließlich nach zwei Wochen und rund 300 Wanderkilometern Kassel zu erreichen, wo die Grimms aufs Gymnasium gingen und fast drei Jahrzehnte als Sprachforscher und Märchensammler lebten.

1. TAG
Hanau
(Übernachtung: Hotel Plaza)

2. TAG
Hanau, Rückingen, Erlensee, Langenselbold, Rothenbergen, Gründau-Lieblos, Gelnhausen
(Grimmelshausen-Hotel)

3. TAG
Gelnhausen, Haitz, Wächtersbach, Salmünster, Ahl, Steinau an der Straße
(Hotel Burgmannenhaus)

4. TAG
Steinau an der Straße, Ulmbach, Fleschenbach, Freiensteinau, Salz
(Landgasthof Dorfschänke)

5. TAG
Salz, Ober-Moos, Crainfeld, Grebenhain, Hoherodskopf
(Berghotel Hoherodskopf)

6. TAG
Hoherodskopf, Rudingshain, Götzen, Betzenrod, Gonterskirchen, Laubach
(Hotel Café Göbel)

7. TAG
Laubach, Lauter, Grünberg, Gröbelnsrod, Reinhardshain, Geilshausen, Odenhausen, Kesselbach
(Monteurswohnung Ulmrich)

8. TAG
Kesselbach, Rabenau, Londorf, Nordeck, Winnen, Leidenhofen, Ebsdorf, Marburg, Neuhöfe
(Hotel Dammühle)

9. TAG
Neuhöfe, Marburg, Goßfelden, Cölbe-Schönstadt, Marburg
(Pension Harmony)

10. TAG
Marburg, Cölbe-Schönstadt, Bracht, Merzhausen, Rosenthal
(Altes Amtshaus)

11. TAG
Rosenthal, Sehlen, Haina, Battenhausen, Armsfeld, Bergfreiheit
(Hotel-Pension Die Hardtmühle)

12. TAG
Bergfreiheit, Odershausen, Bad Wildungen, Wega, Mandern, Ungedanken, Fritzlar
(Hotel Zur Spitze)

13. TAG
Fritzlar, Obermöllrich, Obervorschütz, Gudensberg, Großenritte, Altenritte, Baunatal
(Hotel Stadt Baunatal)

14. TAG
Baunatal, Alternbauna, Rengershausen, Oberzwehren, Niederzwehren, Kassel
(Hotel Astoria)

15. TAG
Kassel
(Hotel Astoria)

16. TAG
Kassel, Kassel-Wilhelmshöhe

Ziel: Kassel
Baunatal
Fritzlar
Bergfreiheit
Rosenthal
Neuhöfe
Marburg
Kesselbach
Laubach
Hoherodskopf
Salz
Steinau an der Straße
Gelnhausen
Start: Hanau
HABICHTSWALD
KELLERWALD
BURGWALD
KNÜLL-GEBIRGE
Ebsdorfer Grund
VOGELSBERG
Wetterau
SPESSART
RHÖN
KARTENAUSSCHNITT
N
0
10 km
Wanderroute
Etappenziele

Reisefertig: Gerhard Henschels Wanderschuhe „Identity" der Firma Meindl (links) und Gerhard Kromschröders „Banks II GTX" von Hanwag

ERSTER TAG: PIZZA BRÜDER GRIMM

„Da kletterst du jetzt rauf", sagt Kromo. Er meint den Sockel des fast sechseinhalb Meter hohen Denkmals der Brüder Grimm, deren Statuen sich seit 1896 vor dem Neustädter Rathaus in Hanau in ein Buch vertiefen: Jacob stehend, Wilhelm sitzend.

Der Sockelrand ist gerade so breit, daß man darauf Fuß fassen kann, und das gelingt selbst mir, obwohl ich nicht schwindelfrei bin. Für den Fotografen Gerhard Kromschröder alias Kromo habe ich zuvor auch schon neben einem Rübenroder, unter einer McDonald's-Reklame und vor dem Atomkraftwerk Grohnde posiert, und auf der Wanderung, die wir uns diesmal vorgenommen haben, werden zweifellos noch ganz andere Prüfungen auf mich zukommen. Auf den Spuren der Brüder Grimm von Hanau nach Kassel: Vor uns liegt ein rund 300 Kilometer langer Zickzackweg.

Die Hanauer, die auf dem Wochenmarkt unterhalb des Denkmals Rotkohl, Mirabellen oder Rosensaitlinge kaufen, stört es nicht, wenn jemand den Sockel erklimmt.

Der Magistrat der Stadt bietet „Erlebnis-Führungen" mit Brüder-Grimm-Darstellern an. In einem Prospekt des Vereins Deutsche Märchenstraße e.V. heißt es dazu: „Könnten die viel zitierten Namensgeber von ihrem Sockel steigen, sie würden sich von ihren Doppelgängern durch die Stadt führen lassen, Ausstellungen besuchen, sich ein Stück Brüder Grimm-Torte auf der Zunge zergehen lassen oder sich neugierig auf den Weg über die Deutsche Märchenstraße machen, die an ihrem Denkmal ihren Anfang nimmt."

Wer weiß. Vielleicht würde ihnen dieses Merchandising ja auch einfach nur den Magen umdrehen.

Viel schwerer als das Denkmal ist die Stelle auf dem Hanauer Freiheitsplatz zu finden, an dem sich das am 19. März 1945 bei einem Bombenangriff der Royal Air Force zerstörte Geburtshaus der Brüder Grimm befunden hat. Die ursprüngliche Adresse lautete Paradeplatz 1, was uns aber nicht weiterhilft. Nach längerer Suche stoßen wir erst einmal nur auf ein einstiges Wohnhaus des Dichters Friedrich Rückert, der auch seine Verdienste hat. 1819 äffte er die deutschtümelnden Romantiker nach: „Neulich deutschten auf deutsch vier deutsche Deutschlinge deutschend, / Sich überdeutschend am Deutsch, welcher der Deutscheste sei ..."

Dann entdecken wir eine Gedenktafel, die an das Geburtshaus erinnert, und in der Langstraße macht Kromo eine Aufnahme von dem Haus, das an der Stelle jenes Hauses steht, in das die wachsende Familie Grimm später umgezogen war und in dem 1790 Ludwig Emil Grimm geboren wurde.

Wenn man von den früh verstorbenen absieht, kamen in dieser Familie von 1785 bis 1793 fünf Kinder auf die Welt: Jacob, Wilhelm, Carl Ferdinand, Ludwig Emil und Charlotte. Sie heiratete 1822 den Staatsminister Ludwig Hassenpflug, Ludwig Emil verfolgte zielstrebig seine Laufbahn als Maler, und die Brüder Carl und Ferdinand irrten glücklos durchs Leben, während Jacob und Wilhelm als Märchensammler Weltruhm erlangten.

Wir ziehen weiter zum barocken, am Main gelegenen Schloß Philippsruhe und besichtigen dort eine Aktentasche, die Jacob Grimm 1815 in Paris getragen haben soll, wo er als Beauftragter Preußens die Rückgabe geraubter Handschriften überwachte. Sehr viel mehr geben die Ausstellungsräume in Sachen Grimm nicht her.

Vor dem Schloß versammeln sich gerade eine deutsche und eine türkische Hochzeitsge-

Aufstieg: Henschel auf dem Sockel des Hanauer Grimm-Denkmals

Stadt mit Prominenz: Hanauer Ortsschild

sellschaft. Die Türken sind allesamt festlicher gekleidet als die Deutschen. Einen Hochzeitsgast, der kurze Hosen trägt, höre ich sagen: „Für mich ist jetzt Freizeit, und deshalb hab ich Freizeitsachen an!"

In einem Käfig warten zehn weiße Tauben darauf, herausgelassen zu werden. Sie scheinen schon Bescheid zu wissen und trippeln aufgeregt herum.

In Wolfsbegleitung: Hanauer Rotkäppchen mit Strickmütze

So wie Abermillionen andere Menschen haben auch Kromo und ich Grimms Märchen förmlich mit der Muttermilch aufgesogen. Bei unserer ersten Berührung mit der Weltliteratur sind wir Hänsel und Gretel begegnet, Schneewittchen, Rotkäppchen, Dornröschen, Rumpelstilzchen, König Drosselbart, dem bösen Wolf und den sieben Geißlein, ohne zu ahnen, daß sich das Lebenswerk der Brüder Jacob und Wilhelm Grimm nicht in ihrer Märchensammlung erschöpft. Aber auch wenn sie niemals etwas anderes veröffentlicht hätten, wäre ihr Ruhm unvergänglich: Man kennt sie auf der ganzen Welt, und die Verfilmungen der Märchen sind kaum noch zählbar. Es gibt Klassiker aus den Walt-Disney-Studios wie „Snow White and the Seven Dwarfs" und „Cinderella", die nette Parodie „Cinderfella" („Aschenblödel") von Jerry Lewis, ganz und gar Geistloses aus deutscher Produktion, Terry Gilliams Klamaukfilm „Brothers Grimm", die gräßliche Zeichentrickserie *SimsalaGrimm* und auch allerlei Sexfilme, die in der Märchenwelt wildern: „Grimms Märchen vom lüsternen Pärchen", „Schneeflittchen", „Dornmöschen" oder „Schwänzel und Gretel". Davon hätten sich die Brüder sicherlich nichts träumen lassen.

Anleihe bei den Grimms: Hanauer Wettbüro

In der „Brüder-Grimm-Stadt" Hanau, wie sie sich selbst nennt, gibt es u. a. eine Brüder-Grimm-Apotheke, eine Brüder-Grimm-Schule, eine Brüder-Grimm-Kindertagesstätte und ein bindestrichloses „Brüder Grimm Bildungszentrum", aber heute würden die Brüder ihren Geburtsort nicht wiedererkennen. Was die britischen Bomber stehengelassen hatten, riß man nach dem Zweiten Weltkrieg großenteils ab, um aus Hanau eine autogerechte Stadt zu machen. Und das ist auch gelungen. Davon können wir uns überzeugen, während wir vom Stadtteil Kesselstadt zum Stadtteil Steinheim wandern.

Links liegen lassen wir dabei die Skulpturen auf dem „Hanauer Märchenpfad", die uns viel uninteressanter erscheinen als die Passanten. Manche der männlichen laufen in der Spätsommerhitze mit nacktem Oberköper herum und präsentieren uns ihre tätowierten Extremitäten: lauter Menschen, die nicht ahnen, daß sie aussehen wie Karikaturen des Zeichners Chlodwig Poth, der in Hanau in den fünfziger Jahren als Chefredakteur der Werkzeitung des Reifenherstellers Dunlop tätig war. In seiner Bilderserie „Last Exit Sossenheim" hat Poth den Hessen später ein zweidimensionales Denkmal gesetzt, das ihnen wie aus dem Gesicht geschnitten ist. Auch heute noch.

Im schmucken Schloß Steinheim erwarten uns Grabbeigaben aus der Eisenzeit, Glasarmringe, Schilddornschnallen, Dolchscheidenbeschläge, Salbfläschchen und Räuchergefäße. Hier in Steinheim beginnt außerdem die Hessische Apfelweinstraße, und die ehemalige Judengasse heißt jetzt Harmoniestraße, was das Ruhebedürfnis der Steinheimer genauer auszudrükken scheint als der angestammte Name.

Auf dem Rückweg in die Innenstadt fotografiert Kromo in einer „Softwaschstraße" einen Schleier aus „Osmosewasser" mit „Aktivschaum", wie aus der Beschriftung der Waschstraße zu erfahren ist. Wer denkt sich nur immer diese schaurigen Wörter aus?

Wir überqueren eine Brüder-Grimm-Straße, und an einer Hausfassade in der Langstraße erblicken wir ein Bild der Künstler Marcel Walldorf und Ronald Schrodt, das die Brüder Grimm inmitten einiger Tiere zeigt. Darunter heißt es wörtlich: „Durch den Ausdruck und die zur Straße gewandte Körperhaltung der Brüder Jacob und Wilhelm Grimm wird die Wahrnehmung und Verarbeitung ihrer Einflüsse beschrieben. Wilhelm, dargestellt in lauschender Pose, scheint das Treiben der Straße aufzusaugen, Jacob, mit schöpferischer Anmutung und dem Blick in die Ferne schweifend, fügt die Geschichten im Geiste zusammen. Die symbolhaften Tiere werden in Origami-Falttechnik dargestellt – eine Reminiszenz an die Internationalität der Märchen und die japanische Partnerstadt von Hanau: Tottori. Sie entspringen dem Notizbuch der Grimms und definieren deren Körper."

„Kannst du mir das erklären?" fragt Kromo. „Inwiefern die Tiere hier die Brüderkörper definieren?"

„Leider nein."

„Wie schade. Das hätte ich doch wirklich gern gewußt ..."

Bestimmend für das volkstümliche Bild der Brüder blieb lange Zeit Louis Katzensteins im ausgehenden 19. Jahrhundert entstandenes und unzählige Male reproduziertes Gemälde „Die Brüder Grimm bei der Märchenfrau", auf dem man die beiden als ältere Herren in der schlichten bäuerlichen Stube der greisen Märchenerzählerin Dorothea Viehmann in Niederzwehren bei Kassel sitzen sieht. In Wirklichkeit waren sie erst Anfang zwanzig, als sie die Märchen aufzuzeichnen begannen, und sie zogen auch nicht übers Land, um das einfache Volk zu befragen, obwohl dieses Verfahren ihren Vorsätzen entsprochen hätte. Die „Volkspoesie" wollte Jacob Grimm, wie er 1815 schrieb, in den entlegensten Winkeln aufspüren, denn „obgleich eigentlich fast kein Strich von ihr gänzlich verlassen und entblößt seyn dürfte, dennoch vor großen Städten die Landstädte, vor diesen die Dörfer, unter den Dörfern aber allermeist stille, unbefahrene, in Wald und Gebirg liegende damit begabt und gesegnet sind".

1838 rühmte der Schulmeister Georg Friedrich Schumacher die Brüder dafür, daß sie genau das getan hätten: „Aus allen Gegenden des deutschen Vaterlandes in Triften und Wäldern, in Gärten und trauten Plätzen des Hauses, am Ofen, an den Küchenheerden, Bodentreppen und in den Spinnstuben sammelten sie, was von der vergangenen, lebensfrohen Zeit noch in der Erinnerung des Volkes geblieben war, und was die Nymphen der vaterländischen Gewässer, und das Säuseln der deutschen Eichen, und der Hauch der Berge ihnen zugeflüstert, das trugen sie daheim in frommer Kindlichkeit in ihr Buch, und sicherten so vor unrettbarem Untergange für die Zukunft das wenige, was sich gerettet hatte aus den Stürmen, durch welche das schöne, heitere Leben der Vorzeit vernichtet wurde." Im selben Jahr spann der Gelehrte Georg Beseler die Legende fort: Die

Nachhilfestunden und Integrationskurse: Werbeschild am Marktplatz

Ohne die Grimms geht nichts: Hanauer Postkarten, Hanauer Rathaus

Was heißt „Grimm" auf italienisch? Die „Pizza Brüder Grimm"

Holzläden als Hitzeschilde: Sonnenstraße in Hanau-Steinheim

Brüder, stellte er fest, „gingen unter das Volk, den treuen Hüter alterthümlicher Mährchen und Sagen; sie belauschten es bei seinen herzlichsten Ergießungen ..."

Ins gleiche Horn stieß knapp einhundert Jahre später der Schriftsteller Otto Flake: „Als die Brüder Grimm deutsche Märchen sammelten, wandten sie sich an die Alten, die auf der Bank vor dem Haus saßen, oder sie gingen in die Spinnstuben, wo die Mädchen, die Burschen, die Frauen zusammenkamen." Mit dem Mythos, daß die Brüder Grimm umhergewandert seien, um sich in Spinnstuben, an Kohlenmeilern und in dämmrigen Küchenwinkeln von Bäuerinnen, Schäfern und Reisigsammlern Märchen erzählen zu lassen, räumte die Literaturwissenschaft erst ab 1975 allmählich auf.

Es bleibe festzuhalten, schrieb der verdienstvolle Märchenforscher Heinz Rölleke 1983, „daß den Brüdern Grimm die mündlich vermittelten Märchenerzählungen in der Regel über eloquente junge Damen aus dem städtischen Bildungsbürgertum zugekommen sind".

In einem italienischen Restaurant ordert Kromo abends eine mit Gorgonzola, Zucchini und Schinken belegte „Pizza Brüder Grimm", aber unsere Frage, was „Brüder Grimm" auf italienisch heiße, kann der Kellner nicht beantworten. „Brüder weiß ich", sagt er, „aber Grimm muß ich fragen!"

„Fratelli Grimm!" ruft eine Frau vom Nebentisch uns zu.

Hier in Hanau hat alles begonnen. Im Februar 1829, als er sich schon für die gemäßigte Kleinschreibung entschieden hatte, weil er die Großschreibung für „unfug" hielt, gedachte Jacob Grimm in einem Brief an seinen Bruder Ferdinand der Kindheitsjahre: „Ich erinnere mich genau, daß ich mit dem vater, als er noch stadtschreiber in Hanau war, einmal in einer winternacht oder doch abends durch den schnee in ein dorf fuhr, wo er leute zu verhören hatte, die stube war voll bauern, tabaksdampf und trüber lichter. Aus noch früherer zeit ist, daß ich morgens gleich nach dem aufstehen mit ihm im fenster stand und mägde unten auf der straße giengen mit wasserbütten auf dem kopf, worin sich die sonnenstrahlen spiegelten."

Bildungshungrig, schönheitsdurstig und bienenfleißig waren sie, die Brüder Grimm. Sie sammelten nicht nur Märchen, sondern auch Volkslieder, Fabeln, Sagen, Sprichwörter, Schwänke und Dichtungen, und sie überlieferten der Nachwelt die einzige vollständige Sammlung der *Berliner Abendblätter*, die Heinrich von Kleist von Oktober 1810 bis März 1811 herausgegeben hatte. In der Vorrede zur ersten Ausgabe ihrer literaturhistorischen Zeitschrift *Altdeutsche Wälder* schrieben die Brüder: „Wir wollen dazu beitragen, wie ein alter Dichter so schön sagt, daß die schlafende Schrift wieder erweckt, die süße Lehre, die beschattet war, wieder aufgedeckt werde."

Doch ihr Leben war nicht behaglich. Sie befanden sich oft in Geldnot und wurden von

„plagenden Nahrungssorgen“ gequält, zumal sie auch noch ihre verarmten jüngeren Brüder Carl und Ferdinand unterstützen mußten. Im August 1838 schrieb die mit den Brüdern befreundete Schriftstellerin Bettine von Arnim in einem Brief: „Jacob, ein in Blüte stehendes Gewissen, duftet gleichsam die elektrische Wärme der Wahrhaftigkeit aus, und Wilhelm ist so unbefangen und heiter, daß es einem nimmer einfällt, daß diese Menschen mit dem Bettelstab belehnt sind.“

Erst in ihrer Berliner Zeit ab 1841 konnten sich die Brüder mehr oder weniger unbeschwert ihren Studien widmen, vor allem der Arbeit am „Deutschen Wörterbuch“, die sie für den Rest ihres Lebens beschäftigen sollte. 1846 erklärte Wilhelm Grimm: „Das Wörterbuch soll die deutsche Sprache umfassen, wie sie sich in drei Jahrhunderten ausgebildet hat: es beginnt mit Luther und schließt mit Goethe. Zwei solche Männer, welche, wie die Sonne dieses Jahrs den edlen Wein, die deutsche Sprache beides feurig und lieblich gemacht haben, stehen mit Recht an dem Eingang und Ausgang.“

Am Ausgang der Arbeit am „Deutschen Wörterbuch“ standen allerdings ganz andere Autoren und Herausgeber, denn der 32. und letzte Band erschien erst 1961.

Auf dem Weg zu unserem Hotel am Kurt-Blaum-Platz wird für E-Smoke-Produkte, Orientteppiche, Thai-Massagen und orthopädische Maßschuhe geworben. Es entgeht uns auch nicht, daß das Hanauer Medium Bettina Kreuzer Matrixenergieheilung, Aura-Chirurgie und Jenseitskontakte anbietet, und für jeden, der so etwas mag, gibt es in der Araltankstelle neben dem Hotel auch tief nachts noch Laugenzöpfe mit Fleischkäsefüllung zu kaufen, doch wir sind satt.

Wer Kurt Blaum war, steht unter dem Straßenschild: Er wurde als Hanauer Oberbürgermeister 1933 von den Nazis abgesetzt und trat sein Amt kurz nach dem Kriegsende wieder an. Also vermutlich ein ehrenwerter Mann.

Tag und Nacht nicht nur Benzin: Tankstelle neben dem Hotel

ZWEITER TAG: HINNÄ GEHT'S WIDDÄ RUNNÄ

Lieber als das zwölf Euro teure Frühstück im Hotel Plaza ist uns morgens dann tatsächlich ein Imbiß an der Araltankstelle. Ein Croissant, ein Käsebrötchen und ein Milchkaffee pro Mann bringen uns in Schwung für die große Fußreise.

Von Hanau wollen wir über Steinau an der Straße, wohin der Vater der Brüder Grimm 1791 als Amtmann versetzt worden war, nach Marburg wandern, wo sie studierten, und dann weiter bis zu ihrem langjährigen Wohnort Kassel. Theoretisch könnten wir den Weg noch bis zu ihren Wirkungsstätten in Göttingen und Berlin fortsetzen, aber wir wollen es nicht übertreiben. Es dräuen auch so schon genug Steigungen, und in dem spätsommerlichen Zeitraum, den wir uns ausgesucht haben, liegen unberechenbare Hitzewellen auf der Lauer.

Unsere Rucksäcke sind bereits per Taxi nach Gelnhausen unterwegs, unserem ersten Etappenziel. Im leichten Marschgepäck befinden sich die Reiseführer „Grimms Hessen“ von Sabine Hock und „Auf dem Drahtesel durchs Märchenland“ von Gerhard Freund und Klaus Laufer sowie einige Wanderkarten und zwei Flaschen Wasser.

Es stehe ihm noch „lebhaft in Gedanken", schrieb Wilhelm Grimm 1830 in der Erinnerung an seine frühe Kindheit in Hanau, wie Jacob und er „Hand in Hand über den Markt der Neustadt zu einem französischen Sprachlehrer gingen, der neben der Kirche wohnte, und in kindischer Freude stehen blieben, um dem goldenen Hahn auf der Spitze des Turmes zuzusehen, der sich im Winde hin und her drehte".

Die Brüder blieben einander ihr Leben lang zugetan. Als Jacob im Februar 1805 nach Paris abgereist war, schrieb Wilhelm ihm: „Von den ersten Tagen weis ich dir nichts zu sagen als daß ich sehr traurig war und noch ietzt bin ich wehmüthig und möchte weinen, wenn ich daran denke das du fort bist. Wie du weggingst da glaubte ich es würde mein Herz zerreißen, ich konnte es nicht ausstehen, gewis du weist nicht wie lieb ich dich habe." Und aus Paris schrieb Jacob seinem Bruder Wilhelm im Juli 1805 zurück: „wir wollen uns einmal nie trennen, und gesezt man wollte einen anderswohin thun, so müßte der andere gleich aufsagen. Wir sind nun diese Gemeinschaft so gewohnt, daß mich schon das Vereinzeln zum Tode betrüben könnte."

Gefällt und nicht abgeholt: Altholz im Wald

Eigentlich sei das ja rührend, sagt Kromo. „Aber daß die so aneinanderklebten, dafür hat man sie doch bestimmt veräppelt ..."

Von dem Kölner Kunstsammler Sulpiz Boisserée wurden die jungen Brüder Grimm 1815 in einem später oft zitierten Brief an Johann Wolfgang von Goethe wegen ihrer philologischen „Andacht zum Unbedeutenden" sogar verspottet, aber diese Rüge entwickelte ein Eigenleben und verwandelte sich mit der Zeit in ein Kompliment, das sie noch häufig zu hören bekommen sollten. In der Vorrede zu seiner „Geschichte der deutschen Sprache" legte Jacob Grimm 1848 selbst ein Bekenntnis zu jener Andacht zum scheinbar Unbedeutenden ab – „von der groszen heerstrasze abwärts", schrieb er, „liebe ich es durch enge kornfelder zu wandeln und ein verkrochenes wiesenblümchen zu brechen, nach dem andere sich nicht niederbükken würden." Und er fragte sich, „ob nicht der geschichte unsers volks das bett von der sprache her stärker aufgeschüttelt werden könnte".

Wogegen Kromo nur einzuwenden hat, daß ihn die von den Brüdern kultivierte Kleinschreibung störe. Im übrigen werde ein Text auch nicht leserlicher, wenn man „grosze" schreibe statt „große" oder „heerstrasze" statt „Heerstraße".

Wir schwenken vom Hasenpfad in die Rühlstraße ein und überqueren auf einer Fußgängerbrücke das Flüßchen Kinzig, etwas südlich von der Hanauer Wilhelmstraße, an der einst die Zahnradfabrik Wilhelm Schwahn angesiedelt war. In dem gewerkschaftsgeschichtlichen Lesebuch „Vom aufrechten Gang, von Widerständen und Stolpersteinen" hat Oskar Ott Auskunft über die dort in der frühen Nachkriegszeit organisierten „Kompensationsgeschäfte" gegeben. Man habe beispielsweise Zahnräder gegen ein Faß Heringe aus Hamburg eingetauscht: „Als das Faß dann ankam und sie es im Betriebsratszimmer aufgemacht haben, um die Heringe zu verteilen, da hatten die Drecksleut' nur lauter Köpfe und Schwänze reingepackt, das ganze Faß voll. Daraufhin hat sich einer den Plastikbomber vom Treuhänder, so einen Zweitakter mit Holzvergaser, geben lassen und ist damit nach Hamburg gefahren, ohne Unterbrechung, und hat denen die Zahnräder wieder abgenommen."

Auch das ist inzwischen ein Märchen aus uralten Zeiten. In den meisten Märchen, auch denen der Grimms, geht es schließlich äußerst ungemütlich zu. Das rief Max Goldt seinen Lesern in Erinnerung, nachdem er einmal „im Reiseprospekt eines Billiganbieters ‚Ferien fast wie im Märchenbuch' angepriesen sah. Wie muß man sich das denn vorstellen? Fast den ganzen Tag Holz im Wald suchen und fast nichts zu essen kriegen außer Hirse und vergiftete Apfelhälften?"

Jogger und Radler überholen uns und kommen uns entgegen, und da wir uns unterhalb der Einflugschneise des Rhein-Main-Flughafens bewegen, gibt es auch viel Luftverkehr.

Unter der A 66 müssen wir noch hindurch, bevor es auf dem Waldpfad am Ufer der Kinzig ruhiger wird.

Erlen, Brennesseln und ferne Glockenklänge: Ist das nun eine landschaftliche Szenerie, wie sie auch die Brüder Grimm erlebten, wenn sie sich in der Natur ergingen? Haben sie das überhaupt getan?

Jacob Grimm, schreibt sein Biograph Hans-Georg Schede, habe sich nur ungern von der Arbeit ablenken lassen: „Spaziergänge soll er mit der Begründung abgelehnt haben, er gehe in der Literatur spazieren." Und auch Wilhelm Grimm konnte wegen seines Asthmas nicht ausgiebig und nur langsam spazierengehen. Er saß ohnehin lieber am Schreibtisch, wie er 1853 in einem Brief an den Literaturwissenschaftler Karl Weigand schrieb („wer mag den halben tag spazieren laufen und die abende faul da sitzen?").

Im Februar 1829 hatte Wilhelm Grimm seiner Freundin Jenny von Droste-Hülshoff jedoch mitgeteilt, daß er sich durchaus einmal die Füße vertrete: „Wenn die Kälte leidlich ist und ein nicht allzu unbescheidenes Schneegestöber sich ankündigt, so pflege ich gewöhnlich im Winter einmal einen Spaziergang ins freie Feld zu machen. Man sieht dann nur 3 oder 4 Schritte und findet sich auf eine wunderbare Art mit sich selbst allein und mitten in der größten Freiheit doch wieder so eigenthümlich eingeschränkt, daß die Gedanken wie Tauben zwar ausfliegen, aber auch wieder zurückkehren und sich bei uns selbst häuslich niederlassen." Und von Jacob Grimm wußte der Germanist Ludwig Denecke zu berichten: „Während seiner Amtstätigkeit auf Schloß Wilhelmshöhe ging er regelmäßig von der Wohnung in der Altstadt zum Schloß 6 km zu Fuß."

In den Auen der Kinzig sind die Holzbrückengeländer hübsch bemoost, und das Geplätscher des Bachs klingt naturgemäß viel natürlicher als der hohe Ton, den der Germanist Wilhelm Schoof 1960 angestimmt hat: „Wie allen großen Deutschen war den Brüdern Grimm ein ausgeprägtes Naturempfinden eigen, da ihr Natursinn schon in frühester Jugend in dem an Naturschönheiten reichen Kinzigtal geweckt worden war."

Im Alter von 76 Jahren wurde Schoof 1952 von der Marburger Philipps-Universität für seine Verdienste um die Grimm-Forschung mit der Ehrensenatorwürde bedacht. Er war jedoch keineswegs der Stammvater der feierlichen Gedankenarmut in den Lobgesängen auf den Edelsinn, die Vaterlandsliebe und die Volksverbundenheit der Brüder Grimm. Diese Tradition reicht weit in das 19. Jahrhundert zurück. 1858

Eine mäandernde Kinzig, gerade Wege, bemooste Brückengeländer: Im Wald bei Erlensee

Abschied von Hanau: Blick aus dem Märchencafé

stellte der Feuilletonist Max Ring in der *Gartenlaube* fest: „Wie die Wellen des Rheinstroms die Burgen des Mittelalters, die rebenbekränzten Hügel und den blauen Himmel wiederstrahlen, umrauscht von den ernsten Mahnungen der Geschichte, den wehmüthigen Stimmen der Sage, den Liedern der Sänger, in der Tiefe aber den goldenen Hort der Nibelungen, den Schatz der Muttersprache bergend: so spiegelt sich in diesen beiden Männern das ganze deutsche Leben nach allen Seiten wieder."

„Ob man das auch einmal über uns sagen wird?" fragt Kromo. „Wir als Lordsiegelbewahrer unserer güldenen Muttersprache und des edlen und allseitigen Deutschtums?"

In der „Allgemeinen Encyclopädie der Wissenschaften und Künste" gab der Germanist August Raszmann 1871 zu Protokoll: „Nie ist das deutsche Volk, nie ist die Wissenschaft reiner, edler, heiliger geliebt worden, als von Jacob Grimm." Albert Duncker, ein früher Biograph der Brüder, besang 1884 ihre „Biederkeit und Treuherzigkeit", der Germanist Konrad Burdach schrieb 1927, sie hätten bis zum letzten Atemzug „das große Apostelamt des nationalen Geistes" verwaltet, und 1957 bescheinigte der Heimatforscher Wilhelm Praesent ihnen in seinem Werk „Märchenhaus des deutschen Volkes", sie seien „die stillsten und lautersten unserer guten Geister, Riesen an Kraft, Kinder an Einfalt".

Der Tag ist noch jung: Frühnebel auf dem Wasserlauf der Kinzig

An den hohltönenden Worten ihrer Ruhmredner sind die Gerühmten nicht völlig unschuldig. Das Menschliche, hatte Jacob Grimm 1813 in seinem Aufsatz „Gedanken über Mythos, Epos und Geschichte" erklärt, verleihe der Poesie „einen frischen Erdgeruch", was den Pädagogen Roland Feldmann noch 1969 in seiner Dissertation „Jacob Grimm und die Politik" zu der Bemerkung veranlaßte: „Dieser Erdgeruch durchzieht alle Schriften Grimms. Die irdischen Erscheinungsformen, die einzelnen Sagen und Märchen, das einzelne Wort und der Laut haften am Irdischen und werden getränkt vom göttlichen Geiste." Der Autor wußte offenkundig nicht, daß Karl Kraus den literarischen „Erdgeruch" schon 1912 mit einem einzigen Satz für immer abgetötet hatte: „Von den vielen Literaten, die hier Erdgeruch haben, hat die Erde hier Literatengeruch."

Wir nähern uns dem Dorf Rückingen, das im zweiten und dritten nachchristlichen Jahrhundert einen Außenposten des Römischen Reiches bildete. In dieser Region war der obergermanisch-raetische Limes errichtet worden. „Von Neuwied am Rhein über Taunus und Wetteraubogen verläuft die römische Grenzlinie bis zum Mainknie bei Hanau/Steinheim, um hier entlang des Mains die ‚nasse Grenze' abzugeben, bevor sie über den Odenwald und den Neckar entlang nach Süden auf den Alblimes trifft", schreibt der Archäologe Egon Schallmayer. In der Wetterau haben sich jedoch, wie der Archäologe Fritz-Rudolf Herrmann bemerkt,

„durch die jahrhundertelange Überackerung kaum einmal Spuren des Limes erhalten".

„Aber hier soll's doch Überreste eines Römerkastells geben", sagt Kromo.

Die ruhen drüben, auf der anderen Seite der Kinzig, und der Steg, den wir benutzen wollten, ist wegen Renovierungsarbeiten gesperrt. Um in das Dorf zu gelangen, müssen wir einen längeren Umweg machen. Infolge der bestialischen Hitze, die mittlerweile herrscht, verlieren wir dabei das Interesse an dem etwas abgelegenen Bodendenkmal, von dem sowieso nicht mehr viel übrig ist. In seiner Studie „Das Römercastell und das Todtenfeld in der Kinzigniederung bei Rückingen" vermerkte Albert Duncker 1873: „Die vorhandenen Trümmer werden wohl auch noch einige Jahrzehnte erhalten bleiben, da nach Anordnung Sr. Durchlaucht des Fürsten zu Isenburg=Birstein seit zwei Jahren von den Ortseinwohnern keine Steine mehr abgebrochen und weggeholt werden dürfen. Ohne diese Fürsorge wären die Fundamente wohl jetzt schon sämmtlich verschwunden."

Was sich in einer antiken Grabungsstätte trotzdem noch ermitteln läßt, nachdem so viele Menschen sie geplündert haben, geht aus den Zitaten zweier Archäologinnen hervor, die sich nur in einem Punkt uneinig sind: „Ziegelstempel belegen, daß in Rückingen seit der Errichtung der Garnison bis zum Limesfall 260 n. Chr. die Cohors III Dal matarum pia fidelis stationiert war, die vorher in Wiesbaden und Rottweil gelegen hatte" (Margot Klee 1989). „Diese Einheit ist mit hoher Wahrscheinlichkeit nach der Auflösung der Lager in Rottweil an den Main verlegt worden" (Barbara Oldenstein-Pferdehirt 1983).

„Das ist kein Widerspruch", sagt Kromo. „Kann doch sein, daß die besagte römische Einheit von Rottweil nach Rückingen ausgerückt und dann nach Rottweil zurückverlegt worden ist ..."

Ich finde es bewundernswert, daß Spezialisten nach Jahrhunderten überhaupt noch etwas über solche Wanderungsbewegungen herausfinden können. Es hinterlassen ja nicht alle Wanderer so genaue Angaben wie wir.

Stammtisch einmal anders: Der Geschichtsverein Erlensee tagt

In Rückingen, das seit 1970 ein Stadtteil der Gemeinde Erlensee ist, gibt es auch eine mittelalterliche Wasserburg. In ihrem Innenhof tagt gerade der Stammtisch des Geschichtsvereins Erlensee. Wir erhalten Mineralwasser und hören ein Weilchen zu. Das Gespräch dreht sich um ein abgerissenes Schulhaus aus dem Baujahr 1872: Die Tuffsteine des Giebels seien auf der Mülldeponie gelandet und müßten jetzt geborgen werden ...

Wer in Dorfe oder Stadt einen so tüchtigen Geschichtsverein wohnen hat, der darf sich glücklich schätzen, denn seine Enkelkinder werden etwas vorweisen können, wenn sie von ihren Kindern einmal gefragt werden sollten, wie es im Heimatort ihrer Urgroßeltern ausgesehen habe.

„Prächtige Pappel", sagt Kromo dann auf unserem Marsch durch das Naturschutzgebiet Weideswiesen-Oberwald. „Was für 'n Eumel!"

Wir ziehen auf einer Sonnenpiste parallel zur Autobahn dahin. Zu unserer Linken rückt ein McDonald's-Turm ins Blickfeld, der Kromo nicht so gut gefällt: „Früher hat man sich an den schönen Kirchtürmen orientiert, aber nun sind wir jenseits des Limes im wilden Germanien ..."

Auf einer Bank am Wegesrand hat sich ein sichtlich angetrunkener Radfahrer mittleren Alters niedergelassen, und wir setzen uns dazu.

„Heißer Tag heute", sagt Kromo, und schon legt der Mann los: „Hier sind alle bekloppt!"

„Und was machen die hier so Beklopptes?"

„Saufen, rauchen, huren", stößt er verächtlich hervor und zieht an seiner Kippe. Er stam-

Schotter im Stahlnetz, von Kiel bis zum Gardasee: Gabionenzaun (mit eingebauten Briefkästen)

me ja aus Steinheim, und dort sei die Welt noch in Ordnung. „Aber hier in Erlensee wird nur geraucht, gesoffen und gehurt …“

Aus der Jutetasche auf seinem Gepäckträger lugt der Hals einer Wodkaflasche.

„Und wohin geht's heute?“ fragt Kromo.

„Nach Langenselbold. Da verkauft jemand für mich was auf'm Flohmarkt, und ich will mir mein Geld abholen …“

Als er uns verläßt und weiterradelt, ist ihm selbst von hinten anzusehen, daß ihm noch schwere Zeiten bevorstehen.

Aus den verdorrten, trocken raschelnden Stauden auf einem riesigen Maisfeld flüstert uns der Klimawandel etwas zu. Wir hatten uns darauf verständigt, unterwegs auf Pfefferkuchenhäuser, Teichnixen, sprechende Eisenöfen und wundertätige Unken zu achten, aber das erste märchenhafte Signal ist dieses Rascheln. Es erinnert an das Jammern des Brotes im Backofen in dem Märchen „Frau Holle“ – „ach, zieh mich raus, zieh mich raus, sonst verbrenn ich: ich bin schon längst ausgebacken“.

So fühlen wir uns auch: vollkommen ausgebacken von der Mittagsglut.

In der Nähe des Langenselbolder Autobahndreiecks unterqueren wir die A 45, und Kromo mißt seinen Blutdruck.

„Wie sieht's aus?“

„Alles gut.“

Am Ortseingang von Langenselbold ragt ein Baguette aus einer großen Tütenskulptur, mit der das Lebensmitteleinzelhandelsunternehmen Tegut für sich wirbt. Wie aus einem Plakat hervorgeht, kann man in Langenselbold auch eßbare Tortenbilder kaufen, aber nur werktags und nicht an diesem brütendheißen Sonntag.

Die Blitzer, an denen wir vorbeikommen, stehen unter Videoüberwachung, damit sie nicht unbeobachtet demoliert werden können, und ein Wärme-Gastechnik-Verteilerkasten verwirrt uns mit der Aufschrift:

Achtung!
Hier nur Leerschrank
ohne
Grundrahmen heben!

„Ist doch prima, so 'ne Warnung“, sagt Kromo. „Sonst hätten wir Deppen hier vielleicht den Leerschrank aus Versehen noch mitsamt dem Grundrahmen gehoben …“

Wir gehen an einem Elektrogeschäft mit Gabionenzaun vorüber, einem dieser Drahtschotterkästen, was mir die Gelegenheit gibt, ein Zitat des Journalisten Georg Cadeggianini aus dem März 2018 anzubringen: „In Deutschland wurden im vergangenen Jahr (umgerechnet auf einen Meter Höhe) 1300 Kilometer Gabionen verbaut: eine Mauer von Kiel bis zum Gardasee.“

Und wieder sehen und hören wir ein vertrocknetes Maisfeld beim Totentanz. Es klappern die

Ein Bahnhof wie sein Name: Wanderer Henschel unterwegs im Sonnenland

Knochen. Haben die Großagrarier ihren Mais hier schon aufgegeben?

Steil geht's bergauf. Wir schwitzen, und eine Dame, die uns entgegenkommt, tröstet uns: „Hinnä geht's widdä runnä!"

Auf halber Höhe erkennen wir hinter uns am Horizont die Frankfurter Skyline, die von Robert Gernhardt einst bedichtet worden ist: „Wer möchte leben / ohne den Trost der Hochhäuser?"

Nach einer Rast unter einem durstigen Walnußbaum erreichen wir endlich wieder ein Stück Wald, das Schatten spendet, und Kromo erhält eine SMS von Jens Kaiser, der als Grafiker die Optik unseres Buchs im Auge hat: Er hoffe, schreibt er, daß wir gut vorankämen und daß die Sonne uns nicht zu sehr ins Gesicht scheine. Und wir sollten an das Titelmotiv denken.

Da bin ich nicht bange. Wo könnte Kromo märchenhaftere Landschaftsbilder finden als im Hessischen Bergland?

Hinter einer Obstbaumplantage macht er aber zunächst mehr als ein Dutzend Porträtfotos von Gallowayrindern, die ihn anstarren, als wäre er ein Marsianer.

In dem kleinen Ortsteil Gründau-Rothenbergen ist es totenstill. Kein Mensch läßt sich auf den Straßen blicken, doch das Eiscafé Napoleon an der Frankfurter Straße ist gut besucht. Auf der Terrasse sind zum Glück noch zwei Plätze frei, wo wir Kaffee trinken, Eis essen und ein paar Postkarten schreiben können.

„So sechs bis acht Kilometer haben wir noch vor uns", sagt Kromo mit einer Miene, die keine überschäumende Freude verrät.

Unter dem gnadenlosen Sonnenfeuer schleppen wir uns nach Gründau-Lieblos, dem nächsten Ortsteil auf der Strecke, wo uns ein Mäuerchen im Schatten zur nächsten Rast einlädt. Unten hinter uns rinnt ein Bach, und dort purzelt Kromos kleiner Rucksack hinein, weil er nicht achtsam genug abgestellt worden war.

Wie sich zeigt, ist der Schaden gottlob nur gering. Wären die gespeicherten Fotos hinüber gewesen, hätten wir nach Hanau zurückfahren und wieder bei Null anfangen können.

Auch auf dem letzten Kilometer brauchen wir nicht gerade zu frieren. Wir sind schon dankbar für jeden auf den Weg fallenden Schatten eines Verkehrsschilds.

An einem pappt ein Aufkleber des Vereins Windjammer Gründau e.V., der für den Ausstieg aus der Windkraftnutzung kämpft. Mit diesem Thema können und wollen wir uns heute freilich nicht mehr befassen. Nachdem wir in der schönen, aber gefällereichen Stadt Gelnhausen im Grimmelshausen-Hotel eingecheckt haben, geben wir uns in einer Pizzeria mit letzter Kraft dem Kartenstudium hin, und Kromo spricht die erlösenden Worte: „Morgen gehen wir nicht über die Berge, sondern gemütlich durch das Kinzigtal nach Steinau."

Raschelt bei jedem Windzug: Vertrocknetes Maisfeld, Hitzechronist

Schattenhoffnung am Ende eines glühendheißen Wandertages: Etappenziel Gelnhausen

 Der Holzstapel (Rüddingshausen)

Der Hauswirt (Amöneburg)

 Die Marienbank (Ulmbach)

Die Zappabank (Gelnhausen)

Erlebnispark
P
Kletterwald

32 Das Hundeverbot (Laubach)

Die Hundewarnung (Wega)

 Der Fußballweltmeister (Kassel)

Die Fußballweltmeisterwand (Treis)

 Der Blumenzaun (Naumburg)

Der Blumenbalkon (Kassel)

 Die Polizeiwerbung (Gelnhausen)

Das Polizeiauto (Hoherodskopf)

 Der Steakautomat (Bad Orb)

Der Souvenirautomat (Gelnhausen)

Dichtertreffen: Henschel und Grimmelshausen-Denkmal in Gelnhausen

DRITTER TAG: VON BIENENKÖRBEN UND EICHELHÜLSEN

Das Grimmelshausen-Hotel befindet sich in Gelnhausen im Geburtshaus des Schriftstellers Hans Jakob Christoffel von Grimmelshausen (1622–1676), auf dessen Spuren wir auch einmal wandern könnten. Seine Werke sind bis heute lesbar und stellenweise urkomisch geblieben, obwohl kaum etwas schneller altert als Komik.

„Wo die Kinzig aus der mächtigen Buntsandsteintafel heraustritt und das Tal aus seiner Enge in die Weite einer Wiesen- und Auenlandschaft übergeht, liegt auf einer unter dem Rand des Sandsteines anstehenden Zechsteinterrasse die Stadt Gelnhausen“, schrieb der Kunsthistoriker Gerhard Bott 1950, und das trifft natürlich auch heute noch zu.

Dem Zahn der Zeit hat dieser Ort gut widerstanden, und im Zweiten Weltkrieg ist er glimpflich davongekommen. Die Fülle hochmittelalterlicher Fachwerkhäuserzeilen ist beachtlich.

Gold auf Fachwerk: Der „Löwe“ in Gelnhausen gilt als eines der ältesten Gasthäuser Deutschlands

Kromo, der schon vor dem Frühstück wieder auf Motivsuche gewesen ist, hat in der Altstadt ein Objekt neueren Datums erspäht: eine dem Musiker Frank Zappa gewidmete Sitzbank. Daneben steht ein bunt bemaltes „Zappamobil“. Die Zappa-Fan-Dichte dürfte kaum irgendwo in Deutschland höher sein als in Gelnhausen (siehe unter www.zappa-stammtisch.de).

Im September 1631 klagten der Bürgermeister und der Rat in einem Schreiben an den Bayerischen Hofratspräsidenten Johann Christoph von Preysing darüber, daß Gelnhausen „durch continuirte spanische Garnisonen, Durchzüge, Muster- und Sammelplätze, Geldextorsionen und andere Kriegspressuren in Verderben und Ruin gesetzt“ werde.

Wie die internationale Soldateska hier im Dreißigjährigen Krieg mit der Zivilbevölkerung verfuhr, hat Grimmelshausen 1668 in seinem Roman „Der Abentheuerliche Simplicissimus Teutsch“ geschildert. Man kann es sich so ungefähr vorstellen. Die Phantasie versagt jedoch, wenn man liest, daß die Gelnhäuser Juden im Pestjahr 1349 vor die Tore der Stadt getrieben und dort alle miteinander verbrannt worden seien. „Dem Autodafé wohnten die Bürgermeister der Stadt in Amtstracht und -kette bei“, heißt es in einem Werk des Historikers Paul Arnsberg.

Die jüdische Gemeinde, die sich später wieder bildete, wurde von den Nationalsozialisten ausgelöscht. „Gelnhausen war in den 1930er Jahren eine Hochburg des Radau-Antisemitismus“, schreibt der Stadtchronist Daniel Hanke. Ein Beispiel dafür mag genügen: Am 7. Februar 1935 erschien im *Gelnhäuser Anzeiger* ein Hetzartikel mit der Überschrift „Das nächtliche Treiben bei jüdischen Geschäftsleuten“. Was daraufhin geschah, hat der Historiker Michael Wildt zusammengefaßt: „Noch am selben Abend sammelte sich vor den Geschäften Kneip und Strauß in der Langgasse eine Menschenmenge, die laut lärmte, schrie und mit Fußtritten gegen die heruntergelassenen Rolläden trat. In der Nacht wurde Strauß überfallen und derart zusammengeschlagen, dass seine Wunden genäht werden mussten. Zwei Tage später erschien erneut ein antisemitischer Artikel im *Gelnhäuser Anzeiger*, in dem namentlich Max Moritz angegriffen wurde, worauf am selben Abend eine Menschenmenge die Haustür der Moritz'schen Wohnung in der Langgasse aufbrach, in die Wohnung eindrang, die Lichtleitung zerschnitt, Einrichtungsgegenstände zerstörte und drohte, in einer Stunde wiederzukommen." Am frühen Morgen nahm die Polizei Max Moritz in „Schutzhaft".

Und bereits eine Woche vor den Pogromen des Jahres 1938 konnte die lokale *Kinzig-Wacht* unter der Überschrift „Gelnhausen endlich judenfrei" darüber frohlocken, daß sich am 1. November „der letzte Vertreter der Krummnasen abgemeldet" habe.

So kam es, daß die Synagoge in Gelnhausen nicht niedergebrannt wurde: Die Juden hatten das Gebäude gezwungenermaßen an „Arier" verkauft. In einem Aushang davor steht zu lesen: „Im Innern befindet sich der einzige original erhaltene barocke Thoraschrein Hessens und – soweit bekannt – Deutschlands, der die Pogromnacht im November 1938 unbeschadet überstanden hat."

Auf einem Radweg an der Kinzig kriegen wir den Sonnenschein jetzt wieder von vorn. Es ist gräßlich schwül, mein Kreislauf lahmt, und ich beneide Kromo um sein ungebrochenes Arbeitsethos: Er spricht einen spärlich bekleideten Herrn um die sechzig an, der ein Wolfs-Tattoo auf der Schulter trägt und es bereitwillig vor die Kameralinse hält.

Links die ICE-Trasse, rechts die A 66 und dazwischen wir auf dem Grillrost. Soll das den ganzen Tag so bleiben?

„Vielleicht hätten wir doch über die Berge gehen sollen", sage ich. „Da wär's wenigstens schön schattig."

Kromo lacht auf: „Hoho! Nimm das Maul nicht so voll! Du hast gut reden hier im Tale ..."

Immerhin sind die Kinzigauen grün und nicht braun wie die ausgedörrten Wiesen und Felder in höheren Lagen.

Das Örtchen Neuwirtheim sieht aus der Ferne so aus, als wäre es von der Firma Märklin hergestellt worden. Irgendwie putzig.

Dann stelzt ein Storch im Wiesengrund herum – „Vetter Langbein", wie er in Grimms Märchen heißt –, und im Gras unter einem Baum entdecken wir einen Kuckuck, der anscheinend noch nicht flügge ist. Kromo schüttet ihm etwas Wasser hin, das der Kuckuck jedoch verschmäht. Er hüpft davon.

„Ganz wichtig in der Märchenwelt: gut zu den Tieren sein!" sagt Kromo.

In diesem Sinne hat sich 1973 auch der Schriftsteller Heinz Piontek geäußert: „Das Motiv der Prüfung ist ja das bei weitem überwiegende Märchenmotiv, das faszinierendste. Söhne und Töchter von Holzfällern, armen Witwen, Schneidern, Bauern, Königen – sie alle müssen zeigen, inwieweit sie ausdauernd, beherzt, listig genug sind, den dunklen Mächten im Leben zu widerstehen. Fast immer wird auch an ihre Güte appelliert. Nur wer gut zu Mensch und Tier ist, dem stehen sie bei. Tiere sind oft die einzigen Nothelfer."

In einer Essotankstelle im Gewerbegebiet der Stadt Wächtersbach stärken wir uns mit Cappuccino für die schattenlosen Abschnitte des Wanderwegs nach Salmünster.

Und weiter geht's, unter der B 276 hindurch und in ein Feuchtwiesengebiet hinein. Die

Gelnhäuser Hommage an einen Großen der Popkultur: „Zappamobil", Henschel

Hochbetrieb im Kinzigtal: Rechts dröhnt die Autobahn, links schießt der ICE vorbei

Sonne treibt es immer bunter, die Haselnußhekken zur Linken lassen die Blätter hängen, und drei Bullen stehen schlapp auf ihrer Weide.

„Hehe!“ ruft Kromo ihnen zu und klatscht in die Hände. „Kommt her, ihr Feiglinge! Traut euch mal was!“

Es fehlte bloß noch, daß er seine rote Schirmmütze schwenkte. Aber der einzige, den er aufscheucht, ist Meister Lampe.

Einem Schild im beschaulichen Salmünster ist zu entnehmen, daß die Stadt im Jahre 1646 von 1200 schwedischen Reitern angegriffen worden sei. Die männlichen Einwohner seien nahezu vollzählig auf den umliegenden Feldern bei der Ernte gewesen, und da hätten die weiblichen in ihrer Not Bienenkörbe auf das feindliche Kriegsvolk geschleudert und es dadurch in die Flucht geschlagen.

„Gut gegeben“, sagt Kromo. „Oder gut erfunden.“

Und obwohl mir der Schweiß in die Augen rinnt, registriere ich eines der Wortungetüme, für die ich eine Schwäche habe: In Salmünster gibt es ein Fachgeschäft für „Zughundesportequipment“.

Bis Steinau ist es jetzt noch eine Meile, wenn es stimmt, was der Topograph Regnerus Engelhard im späten 18. Jahrhundert in seiner „Erdbeschreibung der Hessischen Lande Casselischen Antheiles“ festgestellt hat: „Die Stadt Steinau, mit dem Zusatz an der Straßen, weil solche an der von Frankfurt nach Sachsen führenden Hauptstraße gelegen ist, liegt an dem Kinzigfluß, sechs Meilen von Hanau, drey von Gelnhausen und eine von Salmünster“ – also siebeneinhalb Kilometer, wenn man das Wegemaß der Preußischen Meile zugrunde legt.

Kromo zitiert Bob den Baumeister: „Yo, wir schaffen das!“

Zwischen Salmünster und der Gemeinde Ahl wird eine neue Lärmschutzwand an die hochgelegene A 66 geschweißt, und wegen des Funkenflugs steht unten ein Straßenbauarbeiter mit Wasserflaschen bereit, um einen ausbrechenden Brand im Ernstfall sofort löschen zu können, wie er uns erläutert.

Während oben die Autos dahinrasen, nimmt Kromo ein Hühnermobil des Biohofs Gebhardt auf, das der Freilandhaltung von Legehennen dient, und in Ahl fragt er einen Rollstuhlfahrer nach der Reichweite seines Elektromobils. „Was? Ehrlich? Fünfundzwanzig Kilometer? Und kann ich ’n Foto von Ihnen machen? Ja?“

Er ist der Leibfotograf der kleinen Leute und kommt meistens gut mit ihnen aus. Nur die Eigenheimbesitzer, deren Vorgärten er fotografiert, verwechseln ihn gelegentlich mit einem Strauchdieb oder „Buschklepper“, wie man einst sagte, „weil räuber und spitzbuben“, wie es im „Deutschen Wörterbuch“ heißt, „sich in den büschen bergen oder, den vogelstellern und jägern ähnlich, auf den busch klopfen“.

Mensch in Schaumstoff: Werbefigur, unterwegs in Wächtersbach

Um uns weiter bei der Tierwelt einzuschmeicheln, lesen wir ein paar Äpfel auf und werfen sie einem Pony zu, das eine transparente Fliegenschutzmaske trägt, und dann wird es Zeit für die nächste Rast auf einer einladenden Bank.

Eine schweigsame Dame geht an uns vorüber.

„Das war die Veronika", sagt Kromo. „Die durchläuft nach ihrer Scheidung einen Prozeß der Selbstneufindung …"

„Macht die nicht so 'ne Art Aromatherapie?"

„Ja, und auch irgendwas mit Edelsteinen. Gegen seelische Blockaden. Da sollen ja besonders Bergkristalle und Smaragde helfen. Das hat doch schon Hildegard von Bingen nachgewiesen."

„Ist die Veronika nicht sogar eine Reinkarnation der Hildegard von Bingen? Ich hab da sowas läuten hören."

„Nein, da bist du auf dem falschen Dampfer. In ihrem früheren Leben war sie die altägyptische Pharaonin Hatschepsut …"

Am Stausee hinter der Kinzigtalsperre besorge ich uns an einem Kiosk zwei Becher Kaffee, und Kromo kommt dort mit einem Mann ins Gespräch, der erzählt, daß er dem Steinauer Verein Brüder Grimm e.V. angehöre. „Wir unternehmen regelmäßig Radtouren zu den Brüder-Grimm-Stätten in Deutschland", sagt er. „Und da kommt übrigens gerade unser Vorsitzender, der Gerhard Freund!"

Wie nett! Der gute alte Kommissar Zufall führt uns mit dem Mann zusammen, der das Buch „Mit dem Drahtesel durchs Märchenland" geschrieben hat.

Ich zücke es, und er signiert es mir und berichtet von dem großen Tag im Jahre 1986, als die Vereinsmitglieder als Märchenfiguren verkleidet in New York auf der Fifth Avenue bei der Steuben-Parade mitgelaufen seien. Außerdem erfahren wir von ihm, daß es gewisse Spannungen zwischen Steinau und dem Nachbarort Schlüchtern gebe. Die Steinauer seien für die Schlüchterner „Planemächer" und die Steinauer für die Schlüchterner „Hannekloase". Was auch immer das bedeuten mag.

„Mein Vater wurde, als ich ohngefähr sechs Jahre alt war, zum Amtmann nach Steinau an der Straße, seinem Geburtsort, ernannt, und in dieser wiesenreichen, mit schönen Bergen umkränzten Gegend stehen die lebhaftesten Erinnerungen meiner Kindheit", schrieb Jacob Grimm 1831, und Wilhelm Grimm entsann sich in seiner „Selbstbiographie": „Die Gegend von Steinau hat etwas angenehmes. Oft sind wir zusammen in den Wiesenthälern und auf den Anhöhen umher gegangen; der Sinn für die Natur mag uns, wie vielen angeboren seyn, aber er ist doch auf diese Art ernährt und begünstigt worden."

In der Erinnerung der Brüder blieb diese Zeit immer lebendig. 1814 zählte Jacob in seinen „Besinnungen aus meinem Leben" einige

Treffen am Stausee: Autogramm für Grimm-Wanderer Henschel von Grimm-Kenner Gerhard Freund

Muskelfit mit Pizza: Werbewand in Wächtersbach

Wo sie sich einst suhlten: Schweinebrunnen in Steinaus Vorstadt

Kinderspiele aus den frühen Steinauer Jahren auf: „Springen auf den Treppenstufen vor der Hausthüre. – Sammeln der Eichelhülsen, woraus Armeen regulirt wurden, die doppelten waren Officiere, die verwachsenen mit knotigen Stielen Trompeter und Trommler. Ich ging oft auf den Boden, der Amtsstube vorbei hinauf, suchte mir aus und stellte in Ordnung. – Fliegenlaßen der Maikäfer – unreife abgefallene Äpfel wurden an spitze Hölzer gesteckt und in die Luft geschwungen – Steinwurfmaschinen."

Ein Jahr später kehrte Ludwig Emil Grimm noch einmal nach Steinau zurück und nahm die Stadt mit leicht verklärtem Blick in Augenschein: „Wie ich wieder ins Amthaus kam und mich an alles erinnerte, war alles still, die Treppe ganz dunkel. So groß sind die Lindenbäume geworden! Das Wappen über der Tür, wonach wir nicht mit Schneeballen werfen sollten; die Wohnstube, die Gartenstube, wo der Oberförster Müller manchmal bei uns zum Essen war; das Ofenloch, in dem ich zuweilen eingesperrt ward; alles hab ich betrachtet. Wohl kein Fleck, wo wir uns an Jugendfreuden erinnern konnten, blieb unbesucht!"

Wo die Kindheit der Grimms bitter endete: Das landgräfliche Amtshaus in Steinau

Jugendfreuden? Als Gefangener im Ofenloch?

Das 1562 erbaute Amtshaus, in dem die Grimms wohnten, ist jetzt ein prachtvoll ausgestattetes Museum. Wir werden sehr freundlich empfangen und herumgeführt. Besonders eindrucksvoll ist die Küche, in der noch ein alter Faßbock für ein Wasserfaß steht. Nischen in der Mauer dienten als Kühlfächer, und es haben sich viele Utensilien erhalten, die sonst nur selten eine Menschengeneration überdauern, zum Beispiel Hornkämme, Stecknadelkissen, Wäscheklammern und eine Geldkatze.

In den ehemaligen Amtsräumen im ersten Stock sind bildschöne, von der Künstlerin Anneliese Müller geschaffene Dioramen mit Märchenszenen ausgestellt, unter Glas liegen Erstausgaben und Übersetzungen aus aller Welt, und der Malerbruder Ludwig Emil ist mit vielen seiner Werke vertreten, aber man hat auch an die Kinder gedacht, die in einem Brüder-Grimm-Museum keine wertvollen Exponate erwarten, sondern Tierfiguren, Puzzlespiele, Fühlboxen oder ein Zimmer, in dem sie sich krönen können.

Nach fünf Jahren nahm das Familienleben im Amtshaus ein jähes Ende: „Aber allzufrühe schon, den 10. Jan. 1796, starb der Vater, und ich sehe den schwarzen Sarg, die Träger mit gelben Zitronen und Rosmarin in der Hand, seitwärts aus dem Fenster, noch im Geist vorüberziehen" (Jacob Grimm). Die Mutter mußte mit den Kindern ausziehen, und sie lebten fortan in beengten Verhältnissen, bis die ältesten beiden Brüder es nicht mehr ertrugen. In Ludwig Emils Memoiren heißt es: „Jacob und Wilhelm konnten in Steinau nichts mehr lernen, und Jacob soll selbst gesagt haben: ‚Ich kann hier nichts lernen', geweint und vor Ärger in der Stube herumgekrochen sein. Bald darauf kamen beide aufs Lyceum nach Kassel."

Kromo und ich logieren im Hotel Burgmannenhaus an der Brüder-Grimm-Straße und drehen abends nur noch eine kleine Runde im Halbmondschein, damit wir auch das Rathaus, die Katharinenkirche, den Marstall und das Schloß von Steinau einmal gesehen haben, und ich erzähle ihm einen Märchenwitz, den der Volkskundler Lutz Röhrich überliefert hat: „Ein Mädchen findet am Ufer eines Sees einen Fisch und wirft ihn aus Mitleid ins Wasser zurück. Da sagt der Fisch: ‚Zum Dank dafür, daß du mir das Leben gerettet hast, gebe ich dir drei Wünsche frei.' Und das Mädchen erwidert: ‚Ich möchte das schönste Mädchen der Welt sein, mein Haus soll in pures Gold verwandelt werden, und mein kleiner schwarzer Kater soll sich in einen sympathischen jungen Mann verwandeln, der sich in mich verliebt.' Der Fisch sagt: ‚Geh nur hin, und du wirst alles so finden, wie du es dir gewünscht hast.' Das Mädchen läuft nach Hause und sieht schon von weitem sein goldenes Haus. Als es am Fenster vorübergeht, spiegelt sich darin sein schönes Gesicht, und in der Diele kommt ihm ein sympathischer junger Mann entgegen, der mit trauriger Stimme sagt: ‚Tut's dir nicht doch ein bißchen leid, daß du mich vor zwei Jahren hast kastrieren lassen?'"

Blick durch den Torbogen von Schloß Steinau auf den sogenannten Märchenbrunnen

VIERTER TAG: DA GEHT ES ALLS BERGAUF

Ab heute wandern wir in Richtung Marburg. Freiensteinau-Salz ist unser nächstes Ziel. Wir müssen über die Vogelsberger Straße zum Hundsrücker Berg vorstoßen.

Ein Einheimischer warnt uns: „Da geht es alls bergauf ..."

„Alls" ist in der hessischen Mundart ein anderes Wort für „immerzu", und der Mann hat recht: Mit jedem Schritt kommen wir dem Himmel näher.

Wenn wir wollten, könnten wir jetzt einen Schlenker zu der 2,5 Millionen Jahre alten Teufelshöhle machen, aber wir begnügen uns mit der Lektüre des Textes auf einer Hinweistafel: „Seit einem Tag im Jahre 1584 weiß man von der Höhle. Der damalige Kuhhirte Jox Mellmann hütete an einem schönen Herbsttag die Kühe. Ein Kalb entfernte sich von der Herde und verschwand plötzlich. Die Erde hatte sich aufgetan und ein Kalb verschluckt." Woraus die Anwohner den Schluß gezogen haben sollen, daß in jener Höhle der Teufel hause.

Auf der Tafel wird auch für eine Steinauer Tagungsstätte namens „Brathähnchenfarm" geworben, wo man ideal „relaxen und arbeiten" könne.

„Wolltest du das nicht schon immer mal?" frage ich Kromo. „Auf einer Brathähnchenfarm relaxen und arbeiten?"

Doch er hört mir gar nicht zu. Er fotografiert die Tafel von oben bis unten, wirft einen Blick auf die Karte, deutet nach Nordwesten und sagt: „Yalla."

Auf einem Forstweg arbeiten wir uns in den Wald hinauf, und mir klebt das Oberhemd am Leibe.

Einer Buche ruft Kromo zu: „Bäumchen, rüttel dich und schüttel dich, wirf Gold und Silber über mich!"

Haltbar, praktisch, gut: Fachwerkhaus in Steinau

Doch die Buche stellt sich taub.

Irgendwo hier muß eine Preziose aus dem Besitz von Käte Wolff vergraben sein. Als Ehefrau des Großunternehmers Eugen Wolff, der sich im Verlauf des „Arisierung“ genannten Raubzugs die in Schlüchtern und Steinau ansässigen Seifenfabriken seines jüdischen Konkurrenten Max Wolf angeeignet hatte, war sie gut mit Hermann Göring befreundet. Wie die Historikerin Christine Wittrock 2002 in ihrem Buch „Saubere Geschäfte, weiße Westen und Persilscheine“ unter Berufung auf Protokolle der amerikanischen Militärregierung berichtet hat, verbrannte Käte Wolff kurz vor dem Einzug der amerikanischen Truppen ihre von Göring empfangenen Briefe und schaffte anderes beiseite: „Eine goldene Dose – ein Geschenk von Göring mit seinem eingravierten Namenszug an Käte Wolff – soll in dieser Zeit vor den Amerikanern in Sicherheit gebracht worden sein: Der Gärtner Schneider habe sie im Steinauer Wald vergraben und darüber Stillschweigen bewahren müssen.“

Märchenmotive im Märchenstädtchen: Bemaltes Haus in Steinau

„Vielleicht finden wir ja diese Dose, wenn wir hier ein bißchen herumbuddeln“, sage ich zu Kromo.

Er winkt ab. „Silber und Gold, das rührt mich nicht“, erklärt er. „Von der Buche hätte ich mir das vorhin gefallen lassen, aber wer will schon eine goldene Dose mit dem Namenszug von Göring haben?“

Zur Vorbeugung gegen Zeckenbisse zieht er sich die Strümpfe über die Hosenbeine hoch. Doch das überlegt er sich rasch wieder anders: „Meine Waden brauchen Luft!“

Obwohl die Hitze stetig zunimmt, bringen wir es fertig, noch einmal den orthographischen Irrweg der Brüder Grimm zu erörtern. In der Vorrede zum ersten Band des „Deutschen Wörterbuchs“ bezeichnete Jacob Grimm sogar den Buchstaben W als „entbehrlich“. An dessen Stelle solle das V treten und das F an die Stelle des V, so daß beispielsweise das Wort „verwalten“ künftig „fervalten“ geschrieben werde und das Wort „vielwissend“ mithin „filvissend“.

Solche Vorschläge fanden jedoch nur ein spöttisches Echo. Unter der Überschrift „An jakob und wilhelm mit 'n kleenen grimm“ erschien am 13. Juni 1852 in der satirischen Zeitschrift *Kladderadatsch* die folgende Glosse: „LiebsterherrjacobgrimmundwilhelmgrimmdasnutztjaallensnischtwennseoochjedeshauptwortundeigennamenmitnenkleenenanfangsbuchstabenschreibendasvaterlandmußdennochgrößerseinUndwashilftdenndasganzedeutschewörterbuchwennkeenmenschmehrdiedeutschesprachesprechendarf. Wennsieliebereinlexikonineineneuespracheabfaßtenwodrinmannichtabgefaßtwedenkannwennmanjutewitzemachtsowerdensiesichbeidienationmehrdankerwerbenalsbeisonefaulespielereienohneinterpunktionundallenskleenwomitichverharrealsihrergebener *paddemann*.“

Um uns herum sprießt und grünt und kreucht und fleucht es, und mir kommt ein gut dazu passendes Zitat des Märchenforschers Max Lüthi in den Sinn: „Die Menschen des Märchens fühlen sich in keiner Weise in die Natur ein, aber sie stehen in lebendigem Kontakt mit ihr, sie empfangen ihre Gaben, und diese Gaben spiegeln die gnadenvolle Verbindung des Menschen mit Gestirnen, Blumen, Tieren und Meer."

Leider kenne ich aber nur von sehr wenigen Tieren und Pflanzen die Namen.

„Weißt du, was das hier für gelbe Blumen sind?" frage ich Kromo.

„Nee."

„Wozu hab ich dir eigentlich drei Jahre lang die Floristenlehre bezahlt?"

Er habe „einfach einen Blackout", entschuldigt er sich. Dann pflückt er ein paar Brombeeren und weist mich darauf hin, daß man sie nur dort ernten dürfe, wo der Fuchs nicht hinpinkeln könne. „Wegen der Tollwutgefahr."

Dann hat es sich ja wenigstens gelohnt, daß ich ihm das Biologiestudium finanziert habe.

Hinter jeder Kurve springt der Weg noch steiler auf, anstatt endlich abzuflachen. Er ist eher was für Gemsen als für Menschen.

Ein Schmetterling mit leopardenfellgemusterten Flügeln gaukelt vor uns her und setzt sich auf einen dicht mit Moos bewachsenen Holzstoß.

„Tun wir es ihm doch nach", sagt Kromo und nimmt neben dem Schmetterling Platz.

Schon seltsam, daß der Ruhm der Brüder Grimm in einer stillen Weltgegend wie dieser seinen Ursprung hat. Als der Autographensammler Martin Bresslauer 1983 ein unveröffentlichtes Manuskript von Wilhelm Grimm für 45.000 Dollar an das Verlagshaus Farrar, Straus & Giroux verkauft hatte, berichtete die *New York Times* darüber auf der Titelseite: „After more than 150 years, Hansel and Gretel, Snow White, Rumpelstiltskin and Cinderella will be joined by another Grimm fairy-tale character." Es gibt keine anderen Steinauer Halbwaisen, denen eine solche Karriere gelungen ist.

Als es nicht mehr höher hinaufgeht, stehen wir einer dicht gestaffelten Division Mais gegenüber und werden von einem landwirtschaftlichen Gefährt mit der Aufschrift „Fliegl Gigant" überholt. Darunter steht: „Wir ernten Ihren Strom!"

Vor uns ragen acht Windräder auf, und es wölben sich die nächsten Höhenrücken, über die im 19. Jahrhundert die Kutschen mit der Post der Brüder Grimm und all den Büchern gerollt sind, die sie für ihre Forschungen gebraucht haben.

„Innerhalb Europas gibt es keine Sprachgrenze, die Jacobs Wißbegier nicht überspringt", hat die Literaturwissenschaftlerin Gunhild Ginschel festgestellt. „Das Studium des dem deutschen eng verwandten nordischen Altertums lenkt ihn auch auf das Neunordische, vornehmlich das Dänische. Die Beschäftigung mit mittelalterlichen Bearbeitungen alter Sagenstoffe und die Suche nach Volksbüchern, Sagen und Märchen führen ihn ins Mittelenglische, ins Niederländische, in das ‚schwere studium der italienischen dialecte' und – seit 1810 etwa – auch in die slawischen Sprachen." Hat es jemals einen fleißigeren Menschen gegeben als Jacob Grimm?

Aus Kassel schrieb er im Januar 1816 an den Bremer Ratsherrn Johann Smidt: „Erst Christtag bin ich heimgekehrt und habe mich wieder so in versäumte Arbeiten hineingesteckt und im eigentlichsten Sinn mit drei Tischen und der Wand umstellt, daß andere erst raten müßen, wie ich von meinem Stuhl kommen kann." Er liebte, wie er schrieb, „das fromme Arbeiten, Säen und Pflügen in zufriedener Stille" und ließ sich dabei selbst zu Weihnachten nur un-

Keine Spur ländlicher Idylle: Maisernte als One-Man-Show

Verspargeltes Land: Immer wieder versperren Windkraftanlagen die freie Sicht

gern stören. In einem Brief an den Philologen Moriz Haupt äußerte er sich im März 1839 mürrisch über die Geschenke des Literaturwissenschaftlers Karl Hartwig Gregor von Meusebach: „weihnachten hat er unsern kindern eine kiste mit zuckersachen, mir ein fässchen anschoven (woraus ich mir nichts mache) Wilhelm pommersche gänsebrüste (die ihm schaden) u. s. w. zur sorgfältigst eingerichteten verloosung übermacht, der gute mann! ich wäre lieber anders durch papierzettel abgefüttert gewesen."

Die Beharrlichkeit, mit der er zu Werke ging, trug ihm 1837 ein hohes Lob von Heinrich Heine ein: „Seine deutsche Grammatik ist ein kolossales Werk, ein gothischer Dom, worin alle germanischen Völker ihre Stimmen erheben, wie Riesenchöre, jedes in seinem Dialekte. Jacob Grimm hat vielleicht dem Teufel seine Seele verschrieben, damit er ihm die Materialien lieferte und ihm als Handlanger diente bei diesem ungeheuren Sprachbauwerk. In der That, um diese Quadern von Gelehrsamkeit herbeizuschleppen, um aus diesen hunderttausend Citaten einen Mörtel zu stampfen, dazu gehört mehr als ein Menschenleben und mehr als Menschengeduld."

Hungrig? Schwarzbuntes Weidequartett

An einem Weidezaun klatscht Kromo wieder in die Hände und schreit vier faulen Rindern zu: „Kommt her! Hier gibt's feines Henschelfleisch! Gerdi spezial!"

Sie rühren sich aber nicht vom Fleck.

Er geht zu ihnen hin, für eine Fotosession, und teilt mir anschließend beiläufig mit: „Ich soll dir 'n schönen Gruß sagen – sie hätten schon gegessen."

An diesen vier Rindtieren hätte der Psychotherapeut Arnold Bittlinger gewiß seine Freude gehabt, denn in seinem Werk über „Grimms Märchen im Lichte von Tiefenpsychologie und Bibel" heißt es: „Die Vier ist eine bedeutsame Zahl. Innerseelisch bedeutet sie vor allem den viergeteilten Kreis als Ausdruck der ‚Ganzheit des Seelengrundes'."

Die magische Zahl 4 hat es auch der Märchenspielseminarleiterin Marcella Schäfer angetan. In ihrem Buch „Märchen lösen Lebenskrisen" schreibt sie: „Daß es bei Hänsel wirklich um die Loslösung aus ödipalen Verstrickungen geht, daß die ganze Geschichte einen Kampf um das *Bild der Frau* widerspiegelt, legt uns auch der Hinweis auf die ‚vier Wochen', die Hänsel im Käfig der Hexe verbringt, nahe – die Zeitspanne des weiblichen Zyklus …"

Als ich Kromo davon erzähle, sieht er mich so entgeistert an, daß ich beschließe, meinen Bericht aus der tiefenpsychologischen Märchenforschung erst an einem kühleren Wandertag fortzusetzen.

In einem Gebüsch in Fleschenbach findet eine große Spatzenkonferenz statt, aber die menschlichen Einwohner halten Siesta. Es gibt weit und breit niemanden, mit dem wir uns unterhalten könnten.

Ein Reh eilt in großen Sprüngen über ein gemähtes Feld, und wir werden von einem Bus überholt, in dem Schüler sitzen, die sich auf ihre Hausaufgaben freuen.

„Meine sind schon fertig", sagt Kromo. Doch dann schlägt er sich an die Stirn: „Verdammt! Morgen haben wir ja Geo! Und das auch noch bei dem blöden Meyerink! Der fragt uns bestimmt wieder über die Moorkultivierung im Emsland ab!"

Wie schön ist es doch, wenn man die Schule hinter sich hat und darüber scherzen kann.

Jetzt sind wir im Vogelsbergkreis, und wir kommen in den Genuß einer überwältigenden Fernsicht. Als stünden wir wie einst Jim Knopf und Lukas der Lokomotivführer auf dem Dach der Welt.

Tief unter uns im Grünen ruht die Gemeinde Freiensteinau. Sie liegt an der „Deutschen

Märchenstraße", die sich von dem US-amerikanischen Märchenforscher Jack Zipes 1988 nachsagen lassen mußte, sie sei „intended to attract tourists to an array of fairy-tale kitsch and memorabilia".

So arg ist es in Freiensteinau aber nicht. Ein Hahn und ein Kuckuck begrüßen uns, eine freundliche Postangestellte empfiehlt uns einen Fußweg nach Freiensteinau-Salz („Da gehen Sie hier alls gradaus und dann links!"), und in einer Speisegaststätte erhalten wir zwei kompakte Rindswürste mit Graubrot und Senf. Von Kitsch keine Spur.

„Und da vorn sitzen die in Philippsruh freigelassenen Tauben auf dem Dachfirst", sagt Kromo und zeigt auf das gegenüberliegende Haus. „Haben heute keinen Hochzeitseinsatz."

Freiensteinau gibt es seit dem hohen Mittelalter. Aber aus welcher Zeit stammen Grimms Märchen?

In der Vorrede zum zweiten Band der „Kinder- und Hausmärchen" schrieb Wilhelm Grimm 1815, daß in diesen Volksmärchen „urdeutscher Mythos" liege. Der Orientalist Theodor Benfey vertrat 1859 jedoch die These, daß die Herkunft der europäischen Volksmärchen im buddhistischen Indien zu suchen sei. Dagegen begehrte 1942 der Nationalsozialist Rudolf F. Viergutz auf: „Denn das macht uns die Märchen so besonders kostbar, daß in ihnen die germanische Bildwelt aufgehoben ist und ihre Weisheit die der urgermanischen Weltanschauung enthält." Und der Volkskundler Will-Erich Peuckert pflichtete ihm 1949 bei: „Die Märchen sind die Geschichten und Erzählungen einer pflanzerischen Zeit. Das ist, es sind Erzählungen einer vorpflugbauerlichen Zeit. Erzählungen, die wohl vom Ostmittelmeerischen ausgegangen sind, und die nach Norden wanderten."

Der Religionswissenschaftler Otto Huth, ehedem ein Angehöriger der SS-Sekte Forschungsgemeinschaft Deutsches Ahnenerbe e.V., riskierte 1950 einen noch tieferen Blick in die Vergangenheit: „Die neuere Erforschung der Megalithreligion erlaubt bereits, eine innere Zusammengehörigkeit von Märchen und Megalithreligion aufzuzeigen." Was natürlich reiner Humbug war. Doch das Detektivspiel bereitete den Forschern so viel Spaß, daß sie immer keckere Theorien aufstellten. In seinem Aufsatz „Rumpelstilz hat wirklich gelebt" führte der Ethnologe Otto Kahn den Ursprung des Märchens vom Rumpelstilzchen 1967 mit obskuren Belegen auf jene ferne Zeit zurück, „als zuerst vorindogermanische Bauern über die Urbewohner unserer Gebiete hereinbrachen", und in seinem zweibändigen Werk „Soziale Ordnungen im Spiegel der Märchen" lokalisierte der Historiker August Nitschke die Herkunft des „Märchens von der Unke" ohne Vorlage stichhaltiger Beweise im Jungpaläolithikum. Vom Aschenputtelmärchen behauptete er, daß es „nach der letzten Eiszeit" ersonnen worden sei. Einer der Kritiker Nitschkes, der Volks-

Aus Felssteinen gebaut: Ulmbacher Dreifaltigkeits-Kirche

Landstraße gesperrt: Aber jeder kennt die Schleichwege, auch ohne amtliche Beschilderung

Willkommensgruß mit Zwergen in Kisten

kundler Helge Gerndt, merkte dazu an: „Die beiden Bände strotzen von Kurz- und Kreisschlüssen; viele Folgerungen sind schlichtweg lächerlich."

Doch es kam noch besser: 1982 deutete der Anthroposoph Rudolf Geiger Hänsels Kieselsteinspur als „ein Miniatur-Nachbild der nordischen Druidenkultur".

Eine Stimme der Vernunft erhob dagegen 1990 der Ethnologe Rainer Wehse: „Es scheint typisch für derartige, gar nicht so seltene Rückdatierungsversuche zu sein, daß sie das Märchen in einer Phase der Menschheitsentwicklung ansiedeln, über die nahezu nichts bekannt ist. Die Hypothese ist damit schon bei ihrer Entstehung zur Nichtbeweisbarkeit verdammt, ist fast reine Spekulation und damit unwissenschaftlich."

„Genau", sagt Kromo. „Alles Quatsch. Und können wir jetzt mal weitergehen?"

Er sieht die Dinge lockerer als jene Kinderbibliothekarin mit dem schönen Namen Maria Führer, die 1938 die Märchen der Brüder Grimm „vom Mythus her beleuchtet" hat und zu dem Ergebnis gekommen ist: „Wie die alten Götter unseren Altvorderen ein Vorbild von Ehre, Mut, Treue und Liebe bedeuteten, so zeigen uns auch die Märchenhelden echt germanische Wesenszüge."

Dem Wunschdenken der germanophilen Märchentanten und -onkel zum Trotz spricht fast alles dafür, daß der Literaturhistoriker Dietz-Rüdiger Moser recht hatte, als er 1977 schrieb, es reiche nur Weniges aus den Märchen der Brüder Grimm über das Mittelalter hinaus zurück.

Auf dem Feldweg nach Freiensteinau-Salz schlägt die Sonne noch einmal erbarmungslos zu. Unter diesen Umständen ist es mir leider nicht möglich, Stichworte für eine liebevolle Landschaftsschilderung zu notieren. Da hätte uns der Fremdenverkehrsverein schon eine klimatisierte Sänfte bereitstellen müssen …

Es reicht nur für die Beobachtung, daß das Dorf Salz in einer Talsenke liegt. Und daß an einem Fachwerkhaus das Motto steht: „Mag draus die Welt Ihr Wesen treiben / Mein Heim soll Meine Ruhstatt bleiben".

Im Landgasthof Dorfschänke beziehen wir zwei Zimmer mit Balkon und verzehren dann auf der Terrasse ein profundes Abendessen. Die Trinkgläser sind mit Wespendeckeln versehen, aber selbst die Wespen scheinen vor der noch immer nicht versunkenen Sonne geflohen zu sein.

„Ein Königreich für einen Temperatursturz", sagt Kromo.

Das Etappenziel Dorfschänke in Salz

FÜNFTER TAG: WIE HEISST DER PANTOFFEL IN GREBENHAIN?

„Oskars Vulkanblitz“ steht auf dem Taxi, das unser Gepäck zum nächsten Hotel befördert.

„Ja“, sagt Kromo, „hier im Vogelsberg wandeln wir auf dem Vulkan. Wenn auch auf einem erloschenen.“

Die Sonne scheint schon wieder mit fünfzigtausend Watt, und wir können bloß hoffen, daß der vor uns liegende Weg nicht so steinig ist wie jener, den der russische Folklorist Vladimir Propp 1928 beschritt, als er die Märchen in „narrative Einheiten“ zerlegte und die wiederkehrenden Handlungselemente mit Buchstaben- und Zahlensymbolen versah, um der Struktur auf die Spur zu kommen. Für das russische Märchen „Die Zauberflöte“ ergab sich dabei das Resultat: „$i\ b^2\ a^3\ f^3 - g^3\ A^{14}\ Z^{VI}$ Ü St“. Ein Forschungsergebnis, das nur eingefleischte Linguisten entzückt haben dürfte.

Auch heute geht es so steil bergauf, daß wir bereits nach einer Viertelstunde die erste Rast einlegen.

„Siehst du die Rinder da hinten?“ frage ich Kromo. „Die müssen wir nach Missouri treiben. Hast du an die Brandeisen gedacht?“

Er greift sich an den Kopf. „Ich glaube, die hab ich in Langenselbold vergessen …“

763,8 Meter mißt der fern im Nordwesten schimmernde Hoherodskopf, den wir an diesem Tag noch bewältigen müssen, aber hier und jetzt liegt das kleine Dorf Ober-Moos vor uns. In dem es totenstill ist. Nur der Frankfurter Flugverkehr macht sich leise vernehmbar.

An der Kirche hängt eine Tafel zum Gedenken „an Krieg, Leid und Zerstörung durch Flieger- und Panzerangriff am 31. März 1945“. Die Erklärung dafür findet sich in einem Buch des Historikers Walter Krug: „Am 31. März 1945 wurde Ober-Moos in Brand geschossen, nachdem ein US-Aufklärungsflugzeug von deutscher Flak befeuert worden war. Es wurden zweiundzwanzig Höfe, Kirche, Back- und Spritzenhaus zerstört.“

Es sagt sich so leicht, mit der Kühnheit der Nachgeborenen, und trotzdem ist es wahr: Wenn die Ober-Mooser den Flakschützen in den Rücken gefallen wären, hätten die Eroberer das Dorf ohne Blutvergießen einnehmen können.

Stilles Wasser: Am Ufer des Ober-Mooser Sees

Ein paar süße Ziegen, von denen es unter www.vogelsberger-ziegen.de heißt, daß sie als Burenziegen Nachkommen der Hottentottenziegen seien, bieten sich für ein Foto an, aber Kromo schimpft über die Lichtverhältnisse: „Teils im tiefen Schatten, teils in der prallen Sonne, vorn zu dunkel, hinten zu hell …“

Mehr Glück hat er in dem Dorf Crainfeld, wo eine resolute Bäuerin im gleißenden Sonnenschein eine Herde Kühe antreibt: „Komm, hopp, hopp, hopp, hopp! Auf jetzt!“

Ein Bild wie aus dem zwölften Jahrhundert. Kromo läuft mit und macht Aufnahmen von den Kühen und von einem toten Maulwurf auf dem Feldweg, und die Kirchturmuhr schlägt elf.

Die Crainfelder Kirche wird gerade von der Hatzfelder Firma Baukult restauriert, doch wir dürfen eintreten und erfahren von der Bauleiterin, daß die Kirche im Dreißigjährigen Krieg abgebrannt und beim Wiederaufbau „barock überformt“ worden sei.

Beim Wiederaufbau barockisiert: Henschel, Restauratorin in der Crainfelder Kirche

Zu einem kleinen Plausch ist auch der vor seinem Hof an der Frankfurter Straße stehende Bauer bereit, dessen Kühen wir eine Viertelstunde zuvor begegnet sind. Nächstes Jahr werde er den Hof aufgeben und sich zur Ruhe setzen, teilt er uns mit. Und daß in Crainfeld früher viele Juden gelebt hätten. „Wir sind moderat, aber es gibt natürlich immer besonders Verbohrte …“

Viel Sonne, manchmal Schattenwald: Weiter unterwegs zur Spitze

Das ist verbürgt. Am 9. November 1938 wurde hier die Synagoge verwüstet, und schon am 13. Januar meldete der *Lauterbacher Anzeiger*: „Crainfeld ist judenfrei!"

„Und wie ist das hier mit dem Dialekt?" fragt Kromo. „Ist der nicht von Dorf zu Dorf ganz unterschiedlich?"

Das kann der Bauer bestätigen: In Crainfeld nenne man Kühe „Käi", im westlichen Nachbardorf „Keu" und im östlichen „Kie".

Nach der Lektüre des Standardwerks „So Leut sein mir in Vogelsberg und Schlitzerland" widmete der große Dichter, Zeichner und Satiriker F. W. Bernstein den hiesigen Dialekten 1980 ein Kurzdrama. Es heißt „Das Landexamen" und handelt von einer Mundartprüfung, die Großstädter bestehen müssen, wenn sie in den Vogelsbergkreis ziehen wollen. Im ersten Akt gibt der Kandidat ganz richtig an, daß der Schuhanzieher in Queck „Uffzug" heißt, in Maar „Offzieher", in Meiches „Uffzieher" und in Grebenhain „Onzugg", doch er scheitert an der Frage nach Volkartshain, wo der Schuhanzieher „Schouleffel" heißt. Der zweite Akt beginnt damit, daß der Prüfer den Lehrstoff memoriert: „Zwei Kühe heißen in Queck zwo Kee, in Stockhausen zwoo Kii, in Meiches zwu Kii, in Ulrichstein zwaa Koi, in Grebenhain zwu Koi, in Metzlos-Gehaag zwu Kii ..." Dann tritt der Prüfling ein, und es entspinnt sich der folgende Dialog:

Wie nennt man das Mutterschwein in Angersbach?
Dack.
Gut. In Maar?
Dack.
Quack! Isch geb Ihne gleich Ihrn Dack. Wie sagt man in Maar?
Dock.
Immer noch. Stockhausen?
Dock.
Herbstein?
Dock ... äh nein!
Na?
Freckelsau.
Sehr richtig! Meiches?
Dock.
Ulrichstein?
???
Ulrichstein?
???
Nun: das Mutterschwein in Ulrichstein?
Emm ... Emm ... Modderschwien?
Unsinn! Mock natürlich! Merken Sie sich das! Nun aber in Ilbeshausen?
Schmock.
Werden Sie nicht albern! Freckelsau! Klar?! Grebenhain?
Zock.
Was fällt Ihnen ein! Auch hier immer noch Freckelsau, ja?!
Volkartshain?
Schouleffel.
Ich warne Sie! Treiben Sie es nicht zu weit. Nochmals: Volkartshain, Mutterschwein ...
Volkartshain, Mutterschwein, 's wird doch net die Freckelsau sein?
Meine Geduld ist zu Ende. Freckelsau stimmt. Freiensteinau, aber bitte nehmen Sie sich zusammen.
Freckelsau.
Ja doch! Und nun sagen Sie mir nur noch: Wie heißt der Pantoffel in Grebenhain?
Schlabbe.
Jawohl! Und in Volkartshain?
Schouleffel ... nein: Baatsche ... nein ... Pock?
Unsinn: Pantoffel! Durchgefallen! In einer Woche gebe ich Ihnen noch einmal eine Chance! Die letzte!

Da ahnt man bereits, daß der Kandidat im dritten Akt endgültig abblitzen wird.

Vor dem Aufstieg zum Hoherodskopf genehmigen wir uns in Grebenhain eine Ruhepause. Die Wolken ziehen leider in die falsche Richtung, von der Sonne fort, und über dem Weg vor uns köchelt die Luft. Jetzt müßten wir ein Hütchen haben wie der eine Mann in dem Märchen „Sechse kommen durch die ganze Welt" („Da setzte er sein Hütchen gerade, und alsobald fiel ein Frost, daß alle Hitze verschwand und die Speisen auf den Schüsseln anfingen zu frieren").

Erst oben im Wald umfängt uns wieder etwas Kühle. Wir halten Rast in einer Holzhütte mit Ritzspuren, deren jüngste aus dem Jahr 1987 stammt.

„Die Jugend von heute hat solche Kulturtechniken eben nicht mehr drauf", sagt Kromo im gut nachgeahmten Tonfall eines stänkernden Opas. „Mit dem Smartphone kann man halt nix ins Holz schnitzen ..."

Um die Jugend hat man sich ja schon immer gesorgt. Und speziell um den schlechten Einfluß, den Märchenerzählungen auf sie ausübten. „Kinder haben eine ungemein starke Einbildungskraft, und sie braucht gar nicht erst durch Mährchen mehr gespannt und extendirt zu werden", schrieb Immanuel Kant 1803, und sein Zeitgenosse Johann Gottfried Herder verwarf grundsätzlich alle Märchen, in denen Wölfe oder andere Schreckenswesen umgingen: „Ueberhaupt ist nichts ungesalzener und grausamer, als die Phantasie eines Kindes durch schreckende Truggestalten zu verderben."

Skeptisch äußerte sich im September 1813 der Philologe Heinrich Voß in einem Brief an den Schriftsteller Jean Paul über die Märchen der Brüder Grimm: „Einige darunter sind ungemein schön, voll tiefen Sinnes, und einfach und gut erzählt. Die meisten aber sind wahrer Schund, oder wenn auch der Keim gesund, doch in der Form durchaus verwahrlost." Und das war nur der Anfang einer jahrzehntelang währenden Märchenschelte.

1815 verhöhnte der Literaturkritiker August Wilhelm Schlegel die Brüder Grimm: „Was nun die Ammenmährchen betrifft, so wollen wir sie keinesweges geringschätzen: nur glauben wir, daß das Vortreffliche in dieser Gattung eben so selten ist, als in allen übrigen. Jede gute Wärterin soll ihr Kind unterhalten oder wenigstens beruhigen und einschläfern; leistet sie dies durch ihre Geschichten: ‚Es war einmal ein König u. s. w.', so ist weiter keine Foderung an sie zu machen. Wenn man aber die ganze Rumpelkammer wohlmeynender Albernheit ausräumt, und für jeden Trödel im Namen der *uralten Sage* Ehrerbietung begehrt, so wird in der That gescheidten Leuten allzu viel zugemutet."

So sah es auch der Namensvetter Albert Ludwig Grimm. Er habe die „Kinder- und Hausmärchen" der Brüder Grimm „immer nur mit dem größten Mißfallen in Kinderhänden gesehen", schrieb er 1816 in der Vorrede zu seinem eigenen Sammelband „Lina's Mährchenbuch" und setzte naserümpfend noch hinzu: „Nur das Reinste kann Stoff für die Phantasie des Kindes seyn, und Halbreines ist hier schädlicher, als völlig Unreines."

Turm noch aus der Spätgotik: Kirche in Grebenhain

Zu den Kühen sagen die einen „Käi", die anderen „Keu" oder „Kie": Dialektkundiger Bauer in Crainfeld

Unten Stein, verschindelt, oben Fachwerk: Haus in Crainfeld

Es war die Blütezeit der Schwarzen Pädagogik, und nach der herrschenden Lehre traktierte man die Kinder besser mit Zuchtruten als mit Feengeschichten. Diese Auffassung vertrat 1823 auch der Germanist Friedrich Jakob Schmitthenner: „Das Mährchen ist ein kleiner Roman, und ist für die Kleinen eben so verderblich, als es der Roman, das große Mährchen, für die Großen ist. Es giebt nicht bloß eine Unkeuschheit in Sachen der Liebe, sondern auch in der Weltansicht. Diese aber muß in der Schule rein erhalten, und nur durch das Wahre und Wirkliche bestimmt werden; denn wir haben unsere Kinder nicht für eine bunte Feenwelt und ihre Träume, sondern für ein ernstes Leben und seine Pflichten, zu bilden."

„Da war Arno Schmidt aber anderer Meinung", wirft Kromo ein und verweist auf einen Satz in Schmidts Spätwerk „Julia, oder die Gemälde": „... die Welt der Kunst & Fantasie ist die wahre, the rest is a nightmare."

Darüber hätten die meisten Bildungsbürger des 19. Jahrhundert den Kopf geschüttelt, obwohl sie alle Hände voll damit zu tun hatten, jedes Kinderleben in einen Albtraum zu verwandeln, so wie der Orthopädagoge Moritz Schreber (1808–1861), der sich als Namensgeber der Schrebergärten sowie als Erfinder von Kaltwasserklistieren und anderen Methoden zur Verhinderung der Masturbation einen Namen machte und auch eindringlich vom Märchenlesen abriet. „Das Märchen wirkt ganz besonders noch dadurch verderblich, dass es in mehr oder weniger unheimlichen, schauerlichen, grausigen Gemüthseindrücken, wonach gerade die Kinder vermöge der grossen Lebendigkeit ihrer Phantasie recht lüstern sind, seine Spitze hat. Es wirkt auf dieses Alter ähnlich wie die Vergiftung der Kinderseele durch Gespenstergeschichten", behauptete er.

Bereit für den nächsten Winter: Skiliftanlage auf dem Hoherodskopf

Damals waren schon drei bis vier Generationen mit Grimms Märchen aufgewachsen, ohne daß die öffentliche Ordnung darunter gelitten hätte, doch nun riefen sie sogar einen Staatsanwalt namens Erich Wulffen auf den Plan. „Mit der uralten und heute noch so wirksamen Sensationslust am Kriminellen werden alle Arten von Verbrechen im Märchen behandelt und zum Teile verherrlicht", stellte er 1910 in der Zeitschrift *Archiv für Kriminal-Anthropologie und Kriminalistik* fest und zog die Bilanz: „Absolut untauglich zur Erzeugung krimineller Anreize ist selbst das Märchen nicht."

„Tja, so isses leider", sagt Kromo. „Al Capone und Jack the Ripper hätten niemals ‚Cinderella' lesen dürfen. Dann wären sie nicht auf die schiefe Bahn geraten ..."

„Der Fall Rotkäppchen. Juristisches Gutachten über die Umtriebe der sittenlosen Helden der Brüder Grimm, zur Warnung für Eltern und Pädagogen": Unter diesem Titel publizierte der Spaßvogel Jörg-Michael Günther 1990 ein Werk, dem in der *Neuen Juristischen Wochenschrift* gewisse Mängel angekreidet wurden.

Der Rezensent Markus van den Hövel warf dem Autor Oberflächlichkeit in Detailfragen vor: „Wenn er im Fall ‚Hänsel und Gretel' meint, das Hexenhaus sei als Schwarzbau abzureißen (S. 99), hätte er schon die Voraussetzungen der entsprechenden Ermächtigungsgrundlage durchprüfen und im Rahmen der Verhältnismäßigkeit die Bedeutung des Hexenhauses als Baudenkmal würdigen müssen."

Der Bau eines Lebkuchenhaus im Wald wäre jedoch von keiner deutschen Behörde genehmigt worden.

An einem munteren Bergbach füllen wir unsere Wasserflaschen auf, und Kromo rät mir, meine Füße in dem Bach zu kühlen, doch das unterlasse ich. Sonst würde wahrscheinlich das gesamte Ökosystem des Vogelsbergs kollabieren.

Während Kromo seinen Blutdruck mißt, entdecke ich eine klitzekleine Eidechse, die sich allerdings als kamerascheu erweist.

Pi mal Daumen haben wir noch eine vier Kilometer lange Steigung vor uns, und es ist von Übel, daß der Wald sich weiter oben lichtet, denn die Sonne bollert wieder so, als wäre hier die Kalahari oder irgendeine andere Dornstrauchsavanne.

Im braunen Gras wird gezirpt, und Kromo sagt: „Die Wüste lebt."

Wir schwimmen dermaßen in Schweiß, daß wir unser Tempo nicht in km/h, sondern besser gleich in Knoten messen sollten.

Um halb fünf sind wir am Ziel. Der Hoherodskopf ist für Touristen reichhaltig bestückt: Es gibt einen Baumkronenpfad, Skilifte, eine Minigolfbahn, einen „Galileo Erlebniswald der Sinne" und eine Sommerrodelbahn, deren Bedienungspersonal laut Aushang bei Bedarf „Nässebremsschuhe" auf die Schlitten steckt. Wir aber streben geradenwegs zum Berghotel, und es ist nicht verkehrt, dabei an die Worte zu denken, mit denen Jacob Grimm 1837 die Vorrede zum vierten Band seiner „Deutschen Grammatik" eröffnete: „Wenn ein wandersmann, über öde heiden, sonne und last des tages getragen hat, und in der dämmerung durch enggewundne gartenpfade heimzieht; legt er an ihres grases thau den staub seiner füße abstreifend mit schon erfrischten gliedern und sorgenfreier die letzten schritte zurück."

Die Aussicht aus den Zimmern ist famos und ebenso das Abendessen im Restaurant Talblick (Champignonschnitzel beziehungsweise Handkäs mit Musik). Und für Ausflügler, die den Sonnenuntergang bewundern wollen, stehen Liegebänke bereit.

Hier zeigt sich das Bergland von seiner schönsten Seite: weithin ausschwingend, dicht bewaldet, sanft übergoldet und mittlerweile auch wohltemperiert. Jetzt könnte einem fast eichendorffisch zumute werden, und für die Bettruhe brauchen wir, wie es in dem Märchen „Der gläserne Sarg" heißt, „keines Einwiegens".

Wasser aus dem Bergbach: Durstiger Wanderer

Die letzten Meter: Ein Paar erreicht den Gipfel des Hoherodskopfs

 Der Gartentrecker (Langenselbold)

Der Reifenfrosch (Kesselbach)

 Die Hausparole (Marburg)

Das Hausporträt (Oberzwehren)

 Der Wald (Rosenthal)

64 Der Würztip (Ober-Moos)

Brotzeit
HIER
gibt's richtig
was auf
die Löffel!
... für die
genussvollen
Momente im
Alltag!
Abwechslungsreicher Mittagstisch –
auch zum Mitnehmen!
Catering und Locations –
für kleine und große Events
Biergarten
Tel. 06051 - 91 64 976 • www.mittelpunkt-gelnhausen.de
Linsengericht 3 km

 Das Schloßgespenst (Schloß Gedern)

Der Hausgeist (Kassel)

 Die Floristin (Schloß Philippsruhe)

Der Straßenverkäufer (Aufenau)

nbahnstraße
eur
Parkschein-
automat
Zentrum
Nr. 006
WOB M 9647

RAISE
your
voice

 Die Hausruine (Ober-Moos)

Die Burgkanone (Burg Waldeck)

Ein Baum wie ein Mammut: Die Linde von Götzen

ses Narkotikum" wirken, ja, als „Opium des Volks".

In den Kinderbuchregalen sollten nun progressivere Werke stehen – zum Beispiel Bohumil Stepans „Knusperhäuschen" von 1971 (ein „fröhliches Aktionsbilderbuch, un-autoritär und ent-Grimm-t", in dem Hänsel und Gretel im Wald keiner Hexe begegnen, sondern von einem freundlichen Rentnerehepaar Lebkuchen geschenkt bekommen) oder die antikapitalistische Parabel, in die Friedrich Karl Waechter das Märchen „Tischlein deck dich" 1972 umgewandelt hatte.

„Grimms Märchen haben noch jeden Epochenwechsel überstanden", sagt Kromo, während wir uns unter einem Eichenzweig abzukühlen versuchen. „Und seit den siebziger Jahren hat doch auch niemand mehr was gegen sie, oder?"

Im großen und ganzen stimmt das, aber hier und da ist immer wieder Kritik laut geworden. Unter der Überschrift „Der Horror der frühen Jahre" attestierte beispielsweise der Schriftsteller Günter Kunert Grimms Märchen 1982 in der *Frankfurter Allgemeinen Zeitung* „einen kaum noch verkappten Sadismus", und 2013 erneuerte der Literaturwissenschaftler Scott Harshbarger in einem Zeitschriftenaufsatz unter dem Titel „Grimm and Grimmer" den Vorwurf, daß Grimms Märchen den Nationalismus förderten.

Für die gemütsruhigeren Leser hatte Max Lüthi den Sachverhalt 1975 dargelegt: In den Märchen werde „nicht im Grausigen gewühlt", und es fehle „die Freude am Herumbohren in Schmerz und Qual, das Breittreten des Berichteten. Deshalb kann man nicht von Sadismus reden. Wer es doch tut, verkennt das Wesen des Volksmärchens. Es kann grausam sein, sadistisch ist es nicht."

Dörfliche Rituale: Hünen-Hochzeitspaar aus Strohballen

Auf dem landwirtschaftlichen Betriebsweg, der steil hinauf nach Götzen führt, nähert sich von hinten langsam ein Auto, und Kromo fragt die Fahrerin durchs offene Fenster: „Können Sie uns 'n Stück mitnehmen?"

Das würde sie gern, sagt sie, aber sie habe den Wagen voller Hunde. Und weil es so fürchterlich heiß ist, setzt sie noch hinzu: „Passe Se uff sich uff!"

In Götzen rasten wir im Schatten einer monumentalen Linde. Sie hat das Format der Weltesche Yggdrasil, die in der nordischen Mythologie den gesamten Kosmos verkörpert und wahrscheinlich einer der Lieblingsbäume Jacob Grimms gewesen ist.

Eine mit Verschönerungsarbeiten an ihrem Haus beschäftigte Dame mustert uns leicht mißtrauisch und kommt dann netterweise unserer Bitte nach, in ihrer Küche unsere Wasserflaschen aufzufüllen, aber einen guten Kilometer weiter, in Betzenrod, sind sie schon wieder leer. Wir holen uns Nachschub aus einem Brunnen – köstliches, eiskaltes Wasser, das bereits 1873 in einer von dem Pfarrer Theodor Bindewald veröffentlichten Sammlung oberhessischer Sagen gerühmt wurde: „Mitten in Betzenrod springt der Hirzborn, der hat feines, klares Wasser und die Eller geht dahin, wenn sie einer Frau ein Kind schöpfen soll. Ist's in der Nacht recht still, so soll man die noch nicht geborenen Kinder ganz deutlich im Borne schreien hören."

Laut dem „Deutschen Wörterbuch" steht die Bezeichnung „Eller" für „eltermutter, zuweilen hebamme". Wir hören allerdings keine Ungeborenen schreien, sondern nur zwei Hähne krähen.

Am Straßenrand lockt das Landhaus Appel mit Pfifferlingsrahmsüppchen und gebackenen Apfelkrapfen an Vanillesauce sowie einer Variation von Mousse und Joghurtnockerln an Orangenfilets, doch es hat noch bis fünf Uhr geschlossen.

Jetzt liegt ein sanft abfallender Wanderweg vor uns. Ein Prosit dem, der links davon so viele Kirschbäume gepflanzt hat! Sie beschirmen uns vor der Sonnenkanonade.

Der sich in den Wald schlängelnde Weg ähnelt dem Cover einer alten Langspielplatte mit einem Titel wie „Schumann für Verliebte" oder „Musikalische Träumereien", denn es fallen bereits die Blätter. Goldener Oktober im August: Haben die Leugner der globalen Erwärmung auch dafür eine Erklärung?

Wir müssen nach rechts auf die doofe, alternativlose, nicht für Fußgänger gedachte B 276 abbiegen, wo der Autoverkehr uns nur wenig Platz läßt, bis wir nach einigen hundert Metern den Gasthof Falltorhaus erreichen. Es handelt sich um einen in Bikerkreisen beliebten „Moto-Treff", der für alle Eventualitäten ausgerüstet ist, wie sich auf der Herrentoilette zeigt: Was man dort aus einem Automaten ziehen kann, ist ein vier Euro teurer Gebrauchsgegenstand namens „TravelPussy – Die künstliche Vagina".

„Die Motorradbräute scheinen heute also auch nicht mehr das zu sein, was sie mal waren", sagt Kromo, aber er sollte besser etwas leiser sein, da viele Biker in Hörweite sind. Oder bettelt er um Backpfeifen?

Links von der Bundesstraße zweigt ein Schotterweg ab und geht in einen Feldweg über, der stark von unserem Kartenmaterial abweicht und abrupt in einem Waldstück endet.

Wir arbeiten uns durchs Unterholz. Jetzt wäre etwas Zuspruch aus dem Tierreich nützlich, doch es ist natürlich nur ein PR-Schwindel, daß wir uns im Märchenland befinden.

Kromo holt seinen Kompaß heraus.

Haben wir uns verirrt?

„Hier müssen wir bleiben und Hungers sterben, denn wir kommen nimmermehr aus diesem Wald", sagt Kromo.

Wo sind sie, die Vögel des Himmels, die der Religionsphilosoph Joachim Kurd Niedlich 1927 beschwor? In einem „Märchenbuch" mit dem Untertitel „Der alten deutschen Volksmärchen heimliches Raunen" hatte er sich damals an die deutsche Nation gewandt und ihr das Heil vom Waldgetier versprochen: „Was Aschenputtel auf das Grab der Mutter gepflanzt, was mit den Tränen des Leides begossen und mit der mütterlichen Kraft gesegnet, das ist reif und zum Baum geworden. Die guten Geister der Tiefe werden lebendig, die Kräfte aus dem Reiche der Mütter! Das Unwägbare, das Nichtseiende und doch ewig Seiende, was dem deutschen Volk, solange es deutsch war, doch stets das einzig Wirkliche war – das erweist sich als stärker denn alle Menschenmöglichkeiten. Und so kommen die Vögel des Himmels, die in dem Baume wohnen, und dienen ihm. Wie das Waldgetier dem heiligen Franziskus, so dienen die Tauben dieser deutschen Heiligen."

Rustikale Kost am rustikalen Ort: Bratwurst mit Brot und Senf im Falltorhaus

Aufgebockt: Die Motorräder müssen draußen bleiben

Eiskaltes Wasser gegen das Schwitzen: Nachschub aus dem „Hirzborn"

Zur Abwechslung mal ein paar Schattenbäume: Am Wanderweg bei Betzenrod

Dumm nur, daß die Aschenputtelfigur auf Märchendichtungen des Franzosen Charles Perrault und des Italieners Giovanni Battista Basile zurückgeht, die ihrerseits Motive aus der Antike aufgegriffen haben.

Von der völkischen Märchenforscherin Hilde Berg wurde Aschenputtel 1933 trotzdem ein Ariernachweis ausgestellt: „Schöne Füße und Hände waren von jeher das Kennzeichen rassisch hochstehender Menschen. Darum passen Aschenputtels Schuhe nur ihr und nicht den Stiefschwestern, darum ist das verlorene Schühchen das Kennzeichen der Königsbraut."

Woraus sich folgern läßt, daß Aschenputtel dem Schönheitsideal und dem Gardemaß entsprach, das man auch aus einem historischen Flüsterwitz kennt: Sie war blond wie Hitler, groß wie Goebbels und schlank wie Göring.

Wir stapfen weiter und weiter und treffen schließlich mit Glück auf einen halbwegs gangbaren Pfad und nach längerem Gestolper auf die Fortsetzung unseres Wanderwegs, der als Hessenweg 4 gekennzeichnet ist. Nach unserer Karte hätte es hier immer geradeaus gehen sollen.

„Dieser Wanderweg ist ganz bestimmt nicht zertifiziert", sagt Kromo. „Und wenn doch, muß er verhext worden sein ..."

Es wartet jedenfalls Arbeit auf den Vogelsberger Höhen-Club e.V., der den Hessenweg 4 in dieser Region betreut.

Die Hände in den Schoß legen dürfen dafür die Märchenverteidiger: Ihr Werk ist getan; Grimms Märchen gehören unwiderruflich zum Kanon der Hochliteratur. Die Kulturpessimisten unter den Märchenfreunden haben dafür beizeiten eine andere populäre Kunstform unter Beschuß genommen: „Ein ungerechtfertigter Vergleich mit Verbrechensschilderungen in vielen Comic-Books schien die Märchen noch einmal in ein schiefes Licht zu rücken. Herausgeber von Comic-Books glaubten nämlich, ihre verwerflichen Produktionen als ‚moderne Märchen' bezeichnen zu müssen", klagte 1963 der Pädagoge Quirin Gerstl.

Märchen gut und Comics böse: An dieses Schema hielt sich auch der Schweizer Anthroposoph Jakob Streit, als er Grimms Märchen 1964 „echte religiöse Kraft" bescheinigte, aber nachdrücklich vor Comics warnte. „Wenn etwas zur Phantasie-Verblödung von Kindern massiv beiträgt, so diese amerikanischen Pseudomärchen", schrieb er und holte gleich darauf zu einem Schlag gegen Hollywood aus: „Walt Disney war es ja auch vorbehalten, aus unseren schönsten europäischen Märchen Trickfilme zu fabrizieren. Sein ‚Schneewittchen' als Journalpuppe, umgeben von hässlichen Schreckzwergen hat kleinere Kinder schon bei den Eingangsaffischen der Kinos in Furcht versetzt."

Zur Strafe für diese Lüge ist der Schreckzwerg Jakob Streit längst in Vergessenheit geraten, während Disneys Filmklassiker „Snow

White and the Seven Dwarfs“ bei Kindern immer noch vorzüglich ankommt.

1968 verteufelte die Märchenforscherin Agnes Gutter neben Comics auch Märchenschallplatten. „Manche könnte man direkt als akustische Comics bezeichnen“, stellte sie fest und fügte erläuternd hinzu: „Als Comic Strips bezeichnen wir die Kitsch- und Schundbildhefte, welche Abbildungen mit verzerrten, häßlichen oder gemeinen Formen und grellen, billigen und schreienden Farben serienweise bringen …“ Das fand sie empörend: „Zwar sprechen auch die modernen Massenmedien oftmals die Sprache der Symbole. In Schund- und Schmutzdarbietungen wissen sie dieselbe sogar in raffinierter Weise auszunützen. Wie mancher Comics-Fabrikant greift beispielsweise nach den alten Sagen, wenn ihm der Stoff sonst ausgegangen ist!“

Doch auch dieses Gemecker ist lange verklungen, und die Comics haben's überlebt.

Es ist ein langer Marsch bis Gonterskirchen, unserem nächsten Zwischenziel. Die Luft ist staubig und stickig. Bis Laubach, wo ich uns Zimmer im Hotel Café Göbel reserviert habe, sind es auch noch mal fünf Kilometer. Und das bei mehr als dreißig Grad.

Die Lage ändert sich, als wir in Gonterskirchen eine „Mit-Fahr-Bank“ entdecken. Wer dort sitzt – so steht es auf einem Schild –, der gibt sich als Tramper zu erkennen.

Wir nehmen probehalber auf der Bank Platz, Kromo hält den Daumen raus, und schwupps – bereits das erste Auto hält!

Er habe da noch nie jemanden sitzen sehen, sagt der Fahrer. Und übrigens auch noch nie so eine Trockenheit erlebt.

Sein Auto ist klimatisiert, und wir atmen auf. Erst recht, als wir sehen, wie die nach Laubach führende Straße beschaffen ist: Sie liegt im fetten Sonnenschein, und weder links noch rechts von ihr gibt es auch nur einen einzigen Baum. Dieser Streckenabschnitt hätte uns als Fußgänger zur Verzweiflung getrieben.

In der pittoresken Altstadt von Laubach möchte Kromo abends gern noch die „Radfahrkirche“ fotografieren, die uns ein Wegweiser verheißt, aber wir finden sie nicht, obwohl wir – entgegen dem Rat von Rotkäppchens Mutter – in allen Ecken herumspähen.

Gut beköstigt werden wir dann aber im Gasthaus Litfaß, und wie die naschhafte Katze in dem Märchen „Katze und Maus in Gesellschaft“ könnten wir sagen: „Es schmeckt nichts besser, als was man selber ißt.“

Lockangebote, wo immer man ist, auch in Laubach

Multifunktionale Sonnenschirmständer: Parkplatzsicherung in Laubach

SIEBENTER TAG: ERSTE FEINDBERÜHRUNG

Von Laubach nach Rabenau-Kesselbach soll es heute gehen, denn dort habe ich nach längerem Herumtelefonieren eine sogenannte Monteurswohnung aufgetrieben: eine preiswerte Unterkunft ohne Service, aber mit eigener Küche.

Und endlich es ist es kühler! Bei sachtem Wind wandern wir zum Wald hinauf und über einen Berg zum Nachbarort Lauter, der uns mit dörflichen Gerüchen empfängt. Außerdem gibt es hier zwei Premieren: Ich spüre einen Regentropfen auf der Stirn, und hinter mir wird Kromo von einer Frau durch eines ihrer Wohnungsfenster angepflaumt: „Mache Se kei Bilder von dem Haus!"

Wo's langgeht: Naturnaher Wegweiser

„Warum nicht?"

„Darum net!" ruft sie und knallt das Fenster zu.

„Ich hatte erste Feindberührung", sagt Kromo. „Mitgekriegt? Die Dame hatte einen Ton am Leib wie Aschenputtels Stiefmutter ..."

Es ist unbestritten, daß Grimms Märchen, wie die Literaturwissenschaftlerin Nathalie Blaha-Pheillex 2008 festgestellt hat, sich verheerend auf den Ruf von Stiefmüttern auswirkten. Doch es wäre närrisch, den Rat des Konrektors Johannes Siebert zu befolgen, der 1942 für eine radikale Märchenzensur plädierte: „Die heutige Jugend verlangt nach einem Märchenbuche, aus dem zuerst einmal alle Greuelgeschichten der Stiefmuttertypen ausgeschaltet und dann nur die Erzählungen aufgenommen sind, in denen Helden kämpfen und siegen."

„Was bleibt denn dann noch?" fragt Kromo. „Phantasieloser Hau-drauf-Kram, so Vin-Diesel-Zeugs. Dann doch lieber gleich Ernst Jünger lesen und AfD wählen."

1951 meldete auch der Deutschdidaktiker Stephan Ott erhebliche Zweifel am erzieherischen Nutzen mancher Märchen an: „Wo Zauber herrscht, da ist kein Raum mehr für menschliches Handeln und damit für werthaftes Verhalten. Von hier aus gesehen muß dem reinen Wunsch- und Zaubermärchen jeder Bildungswert im Sinne einer Begegnung mit werthaftem Verhalten abgesprochen werden."

Von diesem Spielverderber wäre ich nicht gern erzogen worden.

Auf der Landstraße, die nach Grünberg führt, setzt stärkerer Regen ein. Über den wir uns nun aber wirklich nicht beschweren wollen. Er ist nur etwas hinderlich, wenn man sich an der wohlgeformten Landschaft mit ihren Pferdekoppeln und Schafweiden sattsehen möchte. Es herrscht, mit Wilhelm Grimm zu sprechen, ein „schlecht regnicht Wetter".

Zwischen restaurierten Fachwerkbauten bummeln wir über den Grünberger Wochenmarkt und trinken Milchkaffee unter den Schirmen einer Eis-Boutique.

Im Spätmittelalter soll es auf dieser Partymeile so hoch hergegangen sein, daß im Jahre 1492 eine amtliche Verfügung gegen das Luxusleben und die Völlerei in Grünberg erlassen wurde. Danach durften, wie der Lokalhistoriker Carl Glaser 1846 schrieb, „bei Hochzeiten nicht über 50 Personen zu Tische geladen, keine Speisen außer dem Hause gereicht werden, es sei denn an schwangere Frauen, Kindbetterinnen, Arme oder Kranke; es sollen nur drei Hauptgerichte und Bier vorgesetzt, die Hochzeitsgeschenke ermäßigt und die Festlichkeiten nicht über einen Tag ausgedehnt werden; auch soll bei keiner Hochzeit für Jemanden das Badegeld bezahlt, noch auch nach dem Bade eine Mahlzeit gehalten werden".

Mehr als ein halbes Jahrtausend nach diesem Erlaß verhalten sich die Grünberger in unserer Sichtweite ganz gesittet. Doch wir können natürlich nicht wissen, ob sie sich noch an die Vorschrift halten, nach dem Baden zu fasten.

Der Regen läßt nach. Die Grünberger Warte, einen spätgotischen Rundturm, schenken wir uns aber: Man weiß ja, wie diese Rundtürme aussehen. Wir biegen in Richtung Göbelnrod ab und begegnen auf dem Fußweg zwischen einer Gänseweide und dem Bahndamm einem mir suspekt erscheinenden Herrn, der mit seinem Schäferhund spazierengeht.

„Hübsches Tier", sagt Kromo und bekommt zur Antwort, daß der Hund aus einem rumänischen Tierheim stamme.

„Und darf ich 'n Foto von Ihnen machen?"

„Na klar!"

Wieder so ein Mensch, der ohne Zögern Vertrauen zu Kromo faßt.

In der zweiten Kammer der Landstände des Großherzogthums Hessen wurde am 24. Mai 1869 darüber gestritten, ob die geplante Bahnlinie mitten durch den kleinen Ort Göbelnrod gelegt werden könne. Der Abgeordnete Hoffmann, ein Forstmeister, sprach von den Bedenken der Einwohner, daß „die Communication wesentlich und das um so mehr beeinträchtigt würde, als nur ein Brunnen in dem Orte sei und also die jenseits der Eisenbahn wohnenden Ortsbürger sich nicht so leicht an dem Brunnen betheiligen könnten". Solche Sorgen hielt der Abgeordnete Dumont für unbegründet: „Mainz ist eine Stadt von 45,000 Einwohnern, und, m. H., der Verkehr von Mainz wird hoffentlich bald ein Weltverkehr werden, hier zieht eine Eisenbahn mitten durch die regsten Verkehrsstraßen hindurch. Ist es nicht lächerlich, wenn ein kleiner Ort von 45 Häusern sagen will: wir sind in unseren täglichen Verkehrsverhältnissen gestört." Für „gehörige Übergänge" werde man schon sorgen.

Und die sind in Göbelnrod auch heute noch da.

Einen Nebeneffekt des Bahnverkehrs hatte Wilhelm Grimm im November 1841 in einem Brief an den Juristen Gustav Hugo angesprochen: „Die eisenbahn hat auch ihren eigenen einfluß auf die geselligen verhältnisse, da sie menschen zusammenbringt, die sich sonst nie gesehen hätten."

Wir keuchen den Wirberg hinauf, und als wir einmal innehalten, sagt Kromo: „Wenn man die ganzen Steigungen zusammenzählt, die schon hinter uns liegen, dann haben wir den Nanga Parbat erklommen."

Könnte hinkommen.

Über einen Serpentinenpfad gelangen wir zu einer evangelischen Kirche, an deren Stelle einst ein Kloster der Prämonstratenser gestanden hat. Ein Schild kündet von deren streng geregeltem Tagesablauf: „Ab 3 Uhr morgens wurde alle drei Stunden gebetet, nach dem Abendgebet um 21 Uhr waren den Klosterinsassen vier Stunden Schlaf vergönnt, bis um 1 Uhr nachts die Vigilien (Nachtgebet) gelesen wurden."

Am Bahndamm unterwegs: Mann mit Schäferhund aus Rumänien

Altes Gemäuer, neuer Roller: Schloß Laubach

Hinterm Wirberg öffnet sich das Land

Zu Risiken und Nebenwirkungen ihrer ungesunden Lebensweise hätten die Prämonstratenser vielleicht besser einmal ihren Arzt oder Apotheker fragen sollen als ihren Generalabt.

Und nun betreten wir ein wunderschönes Plateau. Ringsumher liegt uns das Hessische Bergland zu Füßen. Jeder Höhenzug noch malerischer als der andere, Täler, die dem Auge wohltun, Wälder über Wälder, von Wolken überflossen und farblich gut aufeinander abgestimmt. Und in der Ferne ragt in mattem Blau der Taunus auf.

Da bietet sich als Kontrastprogramm ein kleiner Ausflug in die Wunderwelt der tiefenpsychologischen Märchendeutungen an. In seinem Aufsatz „Märchenstoffe in Träumen" schilderte Sigmund Freud 1913 den „Traum einer jungen Frau, die vor wenigen Tagen den Besuch ihres Mannes empfangen hat: *Sie ist in einem ganz braunen Zimmer. Durch eine kleine Tür kommt man auf eine steile Stiege, und über diese kommt ein sonderbares Männlein ins Zimmer, klein, mit weißen Haaren, Glatze und roter Nase, das im Zimmer vor ihr herumtanzt, sich sehr komisch gebärdet und dann wieder zur Stiege herabgeht. Es ist in ein graues Gewand gekleidet, welches alle Formen erkennen läßt.*"

Nach oben offen: Warnung vor freilaufenden Wildtieren

Und so analysierte Freud den Traum: „Die Personsbeschreibung des Männleins paßt ohne weitere Veränderung auf ihren Schwiegervater. Dann fällt ihr aber sofort das Märchen von *Rumpelstilzchen* ein, der so komisch wie der Mann im Traume herumtanzt und dabei der Königin seinen Namen verrät. Dadurch hat er aber seinen Anspruch auf das erste Kind der Königin verloren und reißt sich in der Wut selbst mitten entzwei." Woraus Freud auf eine „tiefer liegende" Deutung „rein sexuellen Inhalts" schloß: „Das Zimmer ist jetzt die Vagina. (Das Zimmer ist in ihr, im Traume umgekehrt.) Der kleine Mann, der seine Grimassen macht und sich so komisch benimmt, ist der Penis; die enge Tür und die steile Treppe bestätigen die Auffassung der Situation als einer Koitusdarstellung. Wir sind sonst gewöhnt, daß das Kind den Penis symbolisiert, werden aber verstehen, daß es einen guten Sinn hat, wenn hier der Vater zur Vertretung des Penis herangezogen wird."

So fing es an. Der amerikanische Mythologe Alexander Haggerty Krappe mokierte sich 1930 über „die Halluzinationen der Wiener psychoanalytischen Schule" und tat sie in seinem Standardwerk „The Science of Folklore" in fünf Zeilen ab, doch da blühte sie gerade erst auf. Freud hatte so gelehrige Schüler wie den Psychoanalytiker J. F. Grant Duff, der sich 1934 in Freuds Zeitschrift *Imago* an einer kühnen Märcheninterpretation versuchte: „Wäre Schneewittchen in der Analyse und erzählte sie von ihrem Leben mit den Zwergen als von einem Traum, so würden vielleicht ihre Einfälle zu dem Traum daraufhindeuten, daß Zwerg für ihr Unbewußtes gleichbedeutend mit der Klitoris ist und die Hütte, in der sie hantiert, ihre Scheide bedeute. [...] Oder masturbiert Schneewittchen mit der Phantasie, den väterlichen Penis in ihrem Genitale zu haben? Der väterliche Penis – der dem kleinen Mädchen riesengroß erscheint – wird, wie es in der Traumsprache geschieht, durch das Gegenteil dargestellt – den Zwerg –, aber daß er versiebenfacht auftritt, verrät doch, wie mächtig ihn die Tochter denkt."

Fassen wir das noch einmal zusammen: Die Zwerge symbolisieren einerseits Schneewittchens Klitoris und andererseits den Penis ihres Vaters, und weil dieser Penis ihr so groß erscheint, tritt er der Traumlogik zufolge in Zwergengestalt auf, doch dafür immerhin versiebenfacht, verräterischerweise, während Schneewittchen masturbiert, womit wir wieder bei ihrer Klitoris wären ...

Der Kulturwissenschaftler Hermann Bausinger bescheinigte Grant Duff in einem Aufsatz aus dem Jahr 1980 „Konsequenzen der Deutung, die im Märchentext nur eine unzulängliche Entsprechung finden". Das war sehr höflich formuliert. Die Bemühungen um die Lösung des Rätsels der Volksmärchen durch die noch viel schwerer lösbaren Rätsel der Psychoanalyse könnten jetzt beiseitegelegt werden, um Staub zu fangen, hatte der US-amerikanische Germanist Archer Taylor schon 1940 geschrieben, doch er ahnte nicht, was noch alles kommen sollte.

Glaubt man der Psychagogin Rose Maria Rosenkötter, so ist es „ein symbolischer Ausdruck für Masturbation", daß der Junge in dem Märchen vom Eisenhans sich mit dem Finger durchs Haar fährt. Die Psychoanalytikerin Sibylle Birkhäuser-Oeri spekulierte darüber, daß die sieben Berge, hinter denen die sieben Zwerge wohnen, „den sieben Wandlungsstufen in der Symbolik der Alchemie" entsprächen, und der Anthroposoph Rudolf Meyer schrieb 1982, in Rotkäppchens Kopfbedeckung zeige sich „das Ichgefühl, wie es sich im Blute zu erleben, wie es aus dem Blute zu sprechen beginnt".

Der Sprachforscher Lutz Mackensen faßte die rote Farbe des Käppchens wiederum als ein „Attribut der Sonne" auf. So hatte auch der Mythologe Carl Gustav Jung das Rotkäppchenmärchen gedeutet: „Der zunächst dahinter liegende Sinn ist ein astralmythologischer: nämlich die Sonne wird vom Meeresungeheuer verschlungen und am Morgen wieder daraus geboren." Schwerlich damit vereinbar ist jedoch die Theorie des Psychoanalytikers Géza Róheim von 1953: Danach sind Rotkäppchen, ihre Großmutter und der Wolf alle eine und dieselbe Person („essentially the same person").

Als Außenstehender findet man sich auf diesem Rummelplatz der Märchenpsychologen und -mythologen nicht leicht zurecht. An jeder Bude werden neue Sensationen ausgerufen: Laut Hedwig von Beit, einer Erzählforscherin aus der Schule C. G. Jungs, stellt der Wolf, der

Krumm und schief: Grünberger Fachwerkhaus

Gold an der Ecke: Hausschmuck in Grünberg

Rotkäppchen und ihre Großmutter frißt, „die verschlingende Mutter" dar, während das rote Käppchen aus der Sicht des Sozialpsychologen Erich Fromm „ein Symbol der Menstruation" ist und nach Aussage des Kinderpsychologen Bruno Bettelheim „ein Symbol einer verfrühten Übertragung sexueller Anziehungskraft".

Es frage sich, schrieb der Privatgelehrte Ulrich Erckenbrecht alias Hans Ritz 1981, ob eine solche Deutung „eine triftige Erklärung leistet oder ob sie Interpretation mit Tiefseeforschung verwechselt, die unten im Schlamm wühlt und an die Oberfläche zurückkehrt, um daselbst Wellen und Schaum zu schlagen", denn „der Hang zu lückenloser Entschlüsselung" scheine „symptomatisch für eine interpretatorische Zwangsneurose zu sein".

Klein und bescheiden:
Die evangelische Kirche von Reinhardshain

Aber selbst die hier schon einmal zitierte Jugendliteraturforscherin Agnes Gutter sah in Rotkäppchens Käppchen ein „Bild sexuellen Reifens", das übrigens auch auf Rotkäppchens Mutter bezogen werden könne: „Sieht doch die Symbolik die Tochter auch als eine verjüngte Verkörperung der Mutter an. *Rotkäppchens* Mutter hätte in diesem Falle eine Krise durchzumachen, welche ihr geschlechtliches Weiterreifen bedroht. So würde das Bild ihrer Erneuerung von der tierischen Triebhaftigkeit verschlungen. Sie hätte demnach versäumt, ihr geschlechtliches Verhalten zu beseelen und zu vergeistigen."

Zuvor hatte man nur gewußt, daß Rotkäppchens Mutter ihre Tochter mit Kuchen und Wein in den Wald schickt und sie ermahnt, nicht vom Weg abzuweichen. Die tierische Triebhaftigkeit der Mutter enthüllte sich erst der Schmutz- und Schund-Gegnerin Agnes Gutter. Noch etwas mehr fand 1985 der Mythologe Frank Töppe heraus: „Wie nähert sich Rotkäppchen dem Wolf? SIE, das rote Käppchen auf dem Kopf, kommt als Zeichen des *Phallus*. ER liegt mit sich öffnendem Schlund als *Vulva* im Bette."

Zusammenfassend kann man sagen: Der Rachen des bösen Wolfs ist die Vulva, während Rotkäppchen als Phallussymbol menstruiert.

„Viele dieser sexuell fundierten Interpretationen", schrieb die Volkskundlerin Ruth B. Bottigheimer 1989, „sind so absurd, daß es scheint, sie vermittelten mehr Einsicht in die furchtbare Durchschlagskraft einer intellektuellen Zeiterscheinung als in die betreffenden Märchen." Und schon 1984 hatte Heinz Rölleke vor einem Trugschluß gewarnt: Man dürfe „nicht blindlings etwa die Ausgabe letzter Hand der Brüder Grimm von 1857 als Textvorlage benutzen, sonst gerät man an vielen Stellen in Gefahr, bestenfalls die Psyche und die Sozialkonditionen Wilhelm Grimms oder seiner Zeit zu interpretieren, wo man sich beredet, man lausche dem Urquell des Volksmärchens".

Eine Kuh muht Kromo lauthals an, während er Fotos von ihr macht. Und sie hört gar nicht wieder auf. Hat sie Durst? Oder Hunger? Oder muß sie gemolken werden?

Ein Auto braust heran und stoppt. Der Fahrer, ein wettergegerbter Mittfünfziger, der irgendwie den Eindruck erweckt, als ob ihm hier alles gehörte, lehnt sich aus dem Seitenfenster und schnauzt: „Darf ich mal fragen, was Sie da machen?"

„Ihre Kühe fotografieren", sagt Kromo.

„Paparazzi, he? Dann will ich aber für jedes Foto 'nen Heuballen haben ..."

Das meint der Mann aber nicht ernst. Er ist auf ein Schwätzchen aus und berichtet, daß ihm letztes Jahr ein Sonnenkollektor im Wert von 340 Euro vom Feld geklaut worden sei. Kollektoren mit GPS, die sich wieder auffinden ließen, würden 600 Euro kosten. Überhaupt sei die ganze Viehzucht unrentabel. Vor kurzem habe der letzte Milchbetrieb im Ort aufgegeben. Er selbst, sagt der Bauer, mache das nur als Nebenerwerb, und er verrät uns auch, weswegen die Kuh so laut muhe: Sie sei „ochselig".

Das arme Tier. Ochselig – und das ohne jede Aussicht auf einen Bullen! Wieso haben Nutztiere kein Recht auf sexuelle Befriedigung?

Das Dorf Reinhardshain durchqueren wir ohne Zwischenfälle, obwohl auch hier schon schlimme Dinge passiert sein sollen. Am 8. August 1841 meldete das Unterhaltungsblatt *Bohemia* auf der dritten Seite: „In einem hessischen Dorfe ereignete sich kürzlich wieder ein Fall, der die verderblichen Folgen beweist, welche übermäßiger Branntweingenuß haben kann. Zu Reinhardshain kam ein Bauer, der seit längerer Zeit mit seiner Frau in Unfrieden lebte, berauscht nach Hause. Roher Gemüthsart, rannte er der Unglücklichen in der Erbitterung ein Messer in den Kopf. Sie liegt, lebensgefährlich verwundet, darnieder. Sobald der Trunkenbold aus seinem Taumel erwachte, erschütterte die frevelhafte That so sehr sein Gewissen, daß er, seines Verstandes beraubt, jetzt rasend an Ketten liegt."

Überregional bekannt ist Reinhardshain jedoch erst 1938 durch die gleichnamige Autobahnraststätte geworden. Zu ihrem jüngeren Segment Reinhardshain-Süd unternehmen wir einen Abstecher und erhalten dort je einen Cappuccino für 2,99 €, der fast nur aus kaltem Schaum besteht. Und es werden Erinnerungen an lang vergangene Trampertage wach. Neben den Raststätten Allertal, Dammer Berge, Garbsen und Lichtendorf war Reinhardshain bei meinen Deutschlandreisen in den Achtzigern einer der wichtigsten Fixpunkte. Aber jetzt, wo alle guten Bürger ihren ökologischen Fußabdruck verkleinern möchten, ist das Trampen paradoxerweise so veraltet wie das Schriftgießen, das Sockenstopfen und das Armbrustspannen.

Hinter dem Durchschlupf unter der A 5 liegt ein lieblich geschwungener Talweg vor uns, auf dem wir nach Geilshausen spazieren.

Bei den Reichstagswahlen im März 1933 stimmten hier im Landkreis Hessen 58,09 % der Wähler für die NSDAP – gut 14 Prozent mehr als im landesweiten Durchschnitt. Den Boden für solche Erfolge hatte neben ungezählten anderen Pamphletisten der völkische Märchendeuter Philipp Stauff zu bereiten versucht, zu dessen Lesern auch Adolf Hitler gehörte. „Rotkäppchen", schrieb Stauff 1921, „muß zur Großmutter hinter dem großen Walde. Der Wald ist aber hier nur sinndeutlich und meint die ‚Waltung', die geschehensvolle *Welt*. Und hinter dieser Waltung, der Welt, ist das Ur, das Chaos, das ungeordnete Dunkel. Da lebt die Großmutter, die dieser Urzustand selber ist." Wie es Großmütter eben so an sich haben.

Eine andere Interpretation legte der Mythologe Bruno P. Schliephacke in der Nazizeit vor: „Die Farbe Rot war im Germanischen das Symbol des überkommenen Rechts, so wäre hiernach Rotkäppchen die das überkommene Gesetz Suchende." Die drei Eichen vor dem Haus der Großmutter interpretierte er als „hei-

Raststätte Reinhardshain-Süd, das Ziel lockt: Jetzt statt zu Fuß per Anhalter nach Kassel?

Urlaute auf der Weide: „Ochselige Kuh", aber kein Bulle weit und breit

Viereckiger Wehrturm: Kirche von Kesselstadt-Geilshausen

Eine mit Teppichen ausgelegte Garage, die Teil des Wohnzimmers ist: Heim eines Toyota GT 86 und seines stolzen Besitzers

liges Nornenzeichen", und die Nußhecke deutete aus seiner Sicht an, „daß die Seele auf dem ‚rechten' Weg war, denn sie bildete bei den Germanen die Um-Friedung des Thingplatzes". Und auch das Märchen von Frau Holle fügte Schliephacke in sein Weltbild ein. „Der Sinn ist etwa: Die Stiefmutter-Materie kann nur Unvollkommenheit gebären: die häßliche Tochter, das ist die Seele, die sich im Stofflichen verstrickt. Die andere Tochter stammt nicht aus dieser Materie, sondern von der wahren Mutter, dem wesenhaften Urgrund des Seins. Zu diesem Urgrund sucht sie zurück, nicht etwa in beschaulicher Betrachtung, sondern tätig. Darum ist sie schön, d. h. harmonisch. Allerdings hieß sie ursprünglich nicht schön, sondern die *geratene* Tochter, im Gegensatz zur *ungeratenen*. Die eine war also artgerecht (daher artig), die andere artfremd. Da Art entspr. dem rt-Stamm ein früher Rassebegriff ist, sehen wir hier gleichzeitig, wie für die Alten Rasse und Seele untrennbar verbunden waren."

Da es keine Schriftzeugnisse der Germanen gibt, kann man nur mutmaßen, daß dem Arier Schliephacke ihre artgerechte Auffassung der Symbolfarbe Rot im Traum erschienen war. Wie hätte er sonst in dieses Geheimnis eingeweiht werden können?

Im gleichen Geist hatte sich der Germanophile Werner von Bülow in seinem 1925 im Hakenkreuz-Verlag in Hellerau bei Dresden erschienenen Werk „Märchendeutungen durch Runen" geäußert, als er den von Rotkäppchens Mutter gebackenen Kuchen untersuchte: „Der *Kuchen* (kuk) hat in den ältesten Opferdiensten Beziehungen zum *Liebesleben*. Er soll im Märchen andeuten, daß das Urmutterrecht in dem strengen geheiligten Sippenverband wurzelt. Die Großmutter, das urarische Recht, ist schon krank und schwach geworden, erholt sich aber wieder durch den Genuß von Wein und Kuchen."

1974 dürfte von Bülow sich im Grabe umgedreht haben, denn damals führte der Germanist Hans-Wolf Jäger Rotkäppchens Kopfputz auf die rote Jakobinermütze zurück.

Den skandalösesten Auftritt im „Dritten Reich" hatte Rotkäppchen in der Faschingszeitung der *Münchner Neuesten Nachrichten* von 1937. Darin traf sie in einer Märchenparodie als „BDM-Mädel" auf einen Wolf mit „rassefremden Absichten", und als Happy End schloß sich eine nationalsozialistische Idylle an: „Der Wolf wurde dem Reichsnährstand zugewiesen und zu Fleisch im eigenen Saft verarbeitet. Der Kreisjägermeister durfte an der Uniform einen goldgestickten Wolf tragen. Rotkäppchen wurde zur Unterführerin im BDM befördert und die Großmutter durfte auf einem funkelnagelneuen KdF-Dampfer eine Erholungsreise nach Madeira machen." Wie der Publizist Fritz Redlich ermittelt hat, rief diese Satire die Gestapo auf den Plan, und der Nachdruck wurde verboten.

Sippenverband, Urmutterrecht, Nornenzeichen, Thingplatz, Waltung, Runen: Ihm komme bei solchen Begriffen die Galle hoch, sagt Kromo.

„Und wie hältst du's mit dem wesenhaften Urgrund des Seins?"

„Der kann mir auch gestohlen bleiben!"

Zur Abschreckung von Raubvögeln hat jemand bunte Bänder kreuz und quer über ein Hühnergehege gespannt, und das ist ein gefälligerer Anblick, als ihn der schwere Durchgangsverkehr zwischen Geilshausen und Odenhausen bietet.

Auf einer Bushaltestellenbank bedienen wir uns aus einer Dose Erdnüsse, die ich in einem Kiosk gekauft habe. Es tut sich nicht sehr viel in Odenhausen, aber hinter einer Gartenhecke lachen und kreischen ein paar Kinder, was im Zeitalter der Indoor-Spiele nicht mehr so oft vorkommt wie in Kromos oder meiner Kindheit.

An der von vielen Bergbächen gespeisten Lumda wandern wir weiter. „Schade nur", schrieb 1846 der hessische Historiograph Johann Wilhelm Christian Steiner, „daß die Lumda, auf welcher eine Menge die Gegend sehr belebende Mühlen treiben, darunter zu Kesselbach eine gute Papiermühle und zu Londorf die in der Geschichte vorkommende alte Burgmühle, durch den Zufluß dieser Gewässer bisweilen zu einem reißenden, durch gute Vorkehrungen jedoch nicht mehr, wie früher, schädlichen Strome wird, der einmal auf Sonntag den 26. May 1749 während des Nachmittagsgottesdienstes bei einem Gewitter plötzlich zu einer solch' ungewöhnlichen Höhe anschwoll, daß die Gebäude der Unterburg Rabenau hoch durchfluthet wurden, wobei vieles Vieh zu Grunde ging, und ein, neben dem Amtshaus stehendes, Wohngebäude niedergerissen, auch die Brücke daselbst über die Lumda stark beschädigt wurde."

So geschah es auch wieder am 19. Juli 1966. Der *Gießener Anzeiger* meldete danach: „Die Lumda, sonst ein idyllisches Flüßchen, zeigte am Dienstag ihr anderes Gesicht. Nach einem Wolkenbruch an ihrem Oberlauf riß sie mit unvorstellbarer Gewalt Bäume, Brücken, Zäune und Sträucher mit sich und hinterließ eine Spur der Verwüstung. Das Vieh auf den Weiden stand an manchen Stellen bis zu den Köpfen im Wasser, Schweine ertranken in ihren Ställen, die Keller liefen voll."

Inzwischen hat man hier ein Hochwasserrückhaltebecken angelegt.

Als wir Rabenau-Kesselbach erreichen, rufe ich unsere Vermieterin an, und sie sagt, daß sie uns die Wohnungsschlüssel gleich bringen werde.

Vor unserem Quartier steht ein älterer Herr und spricht uns an: „Ihr seid die Wanderer?" Er stellt sich als Onkel der Vermieterin vor. Da er hier nebenan wohnt, kann er uns ein kleines Unterhaltungsprogramm bieten, indem er uns mit spürbarem Besitzerstolz den Sportwagen in seiner Garage vorführt, einen feuerroten Toyota GT 86 mit 200 PS und einem „Vierzylinder-Boxermotor", was mir natürlich nichts sagt.

„Und fahren Sie den auch mal aus?" fragt Kromo.

„Eher weniger ..."

Schon eigenartig: ein Auto nur fürs Auge.

Und dann ist auch die Vermieterin da und schließt uns die Wohnung auf. Kromo bekommt das Schlafzimmer, und für mich steht in der Küche ein passables Bettsofa bereit.

Kochen wollen wir aber nicht. Wir suchen lieber das nahegelegene Ristorante Da Chiara auf und rekonstruieren dort bei Spaghetti aglio olio e peperoncino die heutige Route, und nach gehabtem Mahl schlafen wir uns, wie es in dem Märchen „Von dem Mäuschen, Vögelchen und der Bratwurst" heißt, „die Haut voll bis an den andern Morgen".

Exklusive Treppe, für Unbefugte tabu

 Die Jehovazeugen (Kassel)

Die Kirchenauslage (Naumburg)

 Die Hausecke (Rosenthal)

Die Hauswand (Kassel)

 Das Wachhäuschen (Schloß Waldeck)

Die Mülltonnen (Wega)

 Die Schneewittchenecke (Steinau)

Der Schneewittchentruck (Rengershausen)

98 Das Riesenroß (Netze)

Das Megahuhn (Kassel)

 Das Schaufenster (Hanau)

UNIKAT
Öffnungszeiten
Di. - Fr. 10.00-18.00 Uhr
Sa.- 11.30-18.00 Uhr
Maßangefertigte Kleider
Schuhe und Accessoires
Änderungsarbeiten

 Der Bienenstock (Kressenbach)

ACHTER TAG: WENN DAS UNSERE MUTTER WÜSSTE

Unterwegs zum Backhaus: Nachschubfuhre für das Kuchenfest in Winnen

Bei leichtem Regen überschreiten wir die Grenze zwischen den Ortsteilen Rabenau-Kesselbach und Rabenau-Londorf, wo es einen Burggarten gibt, in dem der Dichter Rainer Maria Rilke zu Beginn des 20. Jahrhunderts gern wandelte, aber mit Rilke wollen wir uns jetzt nicht auch noch befassen. Wir verlassen die Gemeinde, wandern bergauf und biegen in eine einspurige Straße ab, die den bezaubernden Namen Prophetenmühlenweg trägt. Sie ist von Apfelbäumen gesäumt, deren schwerbeladene Äste tief herabhängen. Wird hier auch mal geerntet?

Ein Gänsekeil zieht über uns hinweg, und Kromos Hose rutscht. Er hat abgenommen: ein Tribut an die germanische Sonnengottheit. Und es schüttelt ihn gerade noch einmal beim Gedanken an den Mumpitz von Bruno P. Schliephacke und Konsorten. Dabei sind ihm einige der ärgsten Hirngespinste noch gar nicht bekannt. „Kein anderes Märchen drängt so nach völkischer Deutung wie Dornröschen", behauptete der Ingolstädter Zeichenlehrer Ludwig Martiner 1936 und schuf für den Schulgebrauch ein Wandbild, auf dem zu sehen ist, wie ein blonder Adolf Hitler Dornröschen mit dem „deutschen Gruß" aus dem Schlaf reißt. Hitler sei nämlich „der Held, der unser Volk erlöst hat aus dem Todesschlaf, in den fremdrassische Gewalt es versenkt hatte". Aber stammt dieses Märchen nicht vielleicht doch aus Frankreich?

Eine clevere Antwort darauf erteilte 1938 der nationalsozialistische Pädagoge Josef Prestel: „Es befremdet auf den ersten Blick, daß ein Märchen, das wir gern mit der germanischen Götter= und Heldensage verknüpfen, aus dem Französischen entlehnt sein soll. Der Widerspruch löst sich, wenn wir zurückgehen auf den einst gemeinsamen fränkischen Boden. Von dort mag auf langen Wegen die Überlieferung bis zu Perrault gedrungen sein." Und der Mediävist Friedrich von der Leyen versicherte seinen Lesern noch 1958: „Die sieben Geißlein leben in einer deutschen Häuslichkeit und betragen sich wie deutsche Kinder. Und das merkwürdige deutsche Behagen, das sich über das *Dornröschen* breitet, die Gewissenhaftigkeit des Gesindes, der Haustiere, selbst der Fliegen an der Wand nach dem hundertjährigen Schlaf gehört, glauben wir, zum deutschen Wesen."

Selbst die Gewissenhaftigkeit der Fliegen an der Wand gehöre zum deutschen Wesen: Mit solchem Mindersinn konnte ein Honorarprofessor in der späten Adenauerzeit vor die Öffentlichkeit treten, ohne verlacht zu werden.

„Und was symbolisieren die sieben Geißlein?" fragt Kromo.

Dieses Rätsel hat die Anthroposophin Friedel Lenz ein für allemal gelöst: „Die sieben Geißlein sind das Bild der siebenfachen Triebnatur, die mit den sieben Hauptorganen zusammenhängt."

Zu einem anderen Ergebnis war 1883 der Schulrat Franz Linnig gelangt: „Die Siebenzahl der Geislein legt es nahe, an die sieben Tage der Woche zu denken; der Wolf der nächtlichen Finsternis verschlingt einen nach dem anderen; nur das jüngste Wesen kann er nicht finden, weil es eben das *Heute* ist, dem er nichts anhaben kann."

Die hätten doch alle einen an der Waffel, sagt Kromo, und ich gebe ihm ohne Umschweife recht.

Auf einem Friedhof unterhalb des Dorfes Nordeck fotografiert er ein Mahnmal mit einem Adler, der nicht sehr friedliebend dreinschaut. Er blickt nach Westen, in Richtung Frankreich, ein Land, von dessen Einwohnern Jacob Grimm nichts hielt. In einem Brief an den

Bremer Theologen und Politiker Johann Smidt verurteilte er im Januar 1816 „die verfluchten Franzosen“ und „ihr kreischendes, auffahrendes Wesen“, dem Dichter Hoffmann von Fallersleben schrieb er im März 1831, es tue not, „den alten hass gegen unsern erzfeind, die Franzosen, wieder aufzuwecken“, und dem Historiker Friedrich Christoph Dahlmann teilte er im November 1832 mit: „Die Franzosen sind *im ganzen* einer reinen, ethischen Gesinnung unfähig und opfern ihrer eiteln Prahlerei und Herrschsucht alles auf. Ihnen gönne ich jede Demüthigung, die der Himmel noch über sie verhängen will.“

Doch 2001 gab die Politologin Nicola Achterberg Entwarnung, denn sie hatte herausgefunden, daß Jacob Grimm „keine Vorherrschaft der Deutschen wollte, sondern lediglich eine Gleichrangigkeit mit jenen Staaten, die nicht zersplittert waren. Auch Feindbilder hegte er keineswegs.“ Seinen Haß auf den verfluchten französischen Erbfeind hatte Jacob Grimm sich also wohl nur eingebildet.

In Winnen, dem nächsten Dorf, wird an diesem Sonnabend ein Backhausfest begangen. Kromo stellt sich zwei fotogenen Männern in den Weg, die auf einem Karren Kuchen transportieren, und läßt seinen Charme spielen: „Hey, hey, hey, das sieht ja zum Anbeißen aus! Wenn wir nicht eben erst gefrühstückt hätten, kämen Sie damit nicht an uns vorbei! Und würden Sie mal kurz in die Kamera schauen? Und noch ein zweites Mal? Und ein drittes Mal? Vielen Dank, die Herren!“

Winnen hat auch eine schöne alte Kirche, die sich für ein Foto empfiehlt.

„Schöne alte Kirche, aber kein schönes Licht“, sagt Kromo.

Das ist wahr. Unter dem grauen Gewölk, das sich hier ausschifft, liegt das Land vor uns wie eine Wasserleiche. Farblos, freudlos und verwaschen.

Oberhalb von Winnen verstärkt sich der Regen. Wir tauchen in den Wald ein und verlieren die Orientierung, denn der Weg nach Leidenhofen, wo wir hinwollen, ist zwar ausgeschildert, aber nicht vorhanden, und wir versinken bis zu den Stiefelschäften im Morast.

„Daß Gott erbarm, wenn das unsere Mutter wüßte“, sagt Kromo und zieht seinen Kompaß zu Rate.

Der Weg, für den wir uns entscheiden, ist der richtige: Er führt uns aus dem Wald hinaus auf eine Pflaumenbaumallee, die auf Leidenhofen zuläuft. Und es regnet nicht mehr.

Wir legen eine Pause ein und reden über Hans Traxler, der 1963 in einer „Dokumentation“ mit dem Titel „Die Wahrheit über Hänsel und Gretel“ die Recherchen eines Forschers namens Georg Ossegg zusammenfaßte, wozu auch der Nachweis gehörte, daß die Hexe in jenem Märchen in Wirklichkeit eine von der Obrigkeit verfolgte Lebkuchenbäckerin und das unschuldige Opfer eines Raubmords gewesen sei – ein literarisches Possen-

Weiter am Straßenrand, weiter im Regen: Unterwegs nach Nordeck

„Die Wahrheit über Hänsel und Gretel“: Gerhard Kromschröder 1963 in der Rolle des von dem Satiriker Traxler erfundenen Märchenarchäologen Professor Ossegg

Turm wie eine Burg: Wehrkirche von Ebsdorf

Kaum etwas blieb von der Burg: Ruine Frauenberg

spiel, das dem Verfasser, wie der *Spiegel* damals berichtete, eine Anzeige wegen Betrugs bescherte.

1964 bewertete Theodor W. Adorno Traxlers Werk als Symptom des kulturellen Niedergangs. Auch „die Phantasie selbst", sagte Adorno, könne „erkrankt sein am Geist der Faktizität, so in der science fiction. Eine Parodie, die kürzlich zu lesen war: ‚Die Wahrheit über Hänsel und Gretel', zeigt, wie Phantasie heute, wenn sie mehr als Reproduktion von Fakten gibt, erkrankt sein kann."

„Da hat Adorno aber nicht seinen hellsten Moment gehabt", sagt Kromo. „Das war doch einfach nur lustig, dieses Buch von Traxler! Mich hat das übrigens zu einem kleinen Spinoff inspiriert …" Er habe damals für die Papenburger *Ems-Zeitung* gearbeitet und dem von Traxler erfundenen Professor Ossegg auch ein paar märchenarchäologische Forschungen im Emsland angedichtet, die den Nachweis erbracht hätten, daß der zwergenwüchsige Zyklopenstamm der „Aulken" Siedlungsspuren in den Borsumer Bergen hinterlassen habe. Erschienen sei dieser Artikel am 1. April 1964. „Dafür hab ich selbst als Professor Ossegg posiert. Mit Pfeife, Schirmmütze und falschem Bart beim Ausgraben der Reste eines Aulkenkruges …"

In Leidenhofen werden Großzelte für die 1000-Jahr-Feier des Dorfes aufgebaut, und man schmückt die Straßen. Ein Fest für Kromos Kamera.

Er lichtet auch die alte Wehrkirche in Ebsdorf ab, unserem nächsten Bestimmungsort. Laut Beschilderung besaß diese um 1200 erbaute Kirche während des Dreißigjährigen Krieges „eine letzte Bedeutung als Refugium gegen die marodierende Soldateska".

Wenn nie irgendwo eine Kirche gebaut worden wäre, hätte dieser Konfessionskrieg allerdings auch gar nicht erst stattgefunden.

1783 holte der Schriftsteller Johann Kaspar Riesbeck, getarnt als Übersetzer eines imaginären Franzosen, zu einer Schmähung der Hessen aus: „Das hessische Landvolk, lieber Bruder, ist im Ganzen genommen bis zum Eckel häßlich. Die Weibsleuthe sind die eckigsten Karrikaturen, die ich noch gesehen habe. Ihre Kleidung ist abscheulich. Die meisten gehen ganz schwarz, und tragen die Röcke so hoch, daß man gar keine Taille, wohl aber die ungelenkten Stampf=Füsse bis an die Knie erblikt." Und 1828 legte der Satiriker Karl Julius Weber nach: „Die Hessen sind ein hübscher Männerschlag, aber wie kommt es, daß die Weiber solche verdammten Husarengesichter führen auf dem Lande, wahre Medusenköpfe?"

Mit unseren eigenen Beobachtungen stimmen diese Befunde nicht überein. An den Hessinnen, die uns über den Weg laufen, gibt es nichts auszusetzen.

An der Landesstraße 3089 stehen Obstbäume wie im Garten Eden, und rechterhand beginnt der sogenannte Hessenweg 4 nach Marburg. Er sieht jedoch höchst verdächtig aus, denn er führt über einen Acker und hat keine klaren Konturen. Da weichen wir lieber auf einen asphaltierten Radweg aus. Noch einmal wollen wir uns nicht ins Bockshorn jagen lassen.

Unter einem vertrauenswürdig weißen Wolkenhimmel durchwandern wir, von Schwalben umflitzt, das stille grüne Land. Dann kraxeln wir zur 370 Meter hoch gelegenen, aus dem 13. Jahrhundert stammenden Burgruine Frauenberg hinauf, und weil mir Höhenräusche nicht bekommen, kraxele ich sofort wieder hinunter, während Kromo auf einer Aussichtsplattform den Blick über das Amöneburger Becken und den Ebsdorfer Grund genießt. Ich werde mich mit den Fotos davon begnügen.

Auf der anderen Seite des Bergs gehen wir eine Ahornallee hinab und auf gut Glück in den kühlen Wald hinein, hinter dem Marburg liegen müßte.

Was ihn störe, sagt Kromo, sei bei aller Liebe zu den Brüdern Grimm deren kultischer Patriotismus. „Haben sie da nicht sagenhaft dick aufgetragen?"

Das kann man so sagen. In der Vorrede ihrer Ausgabe des Epos „Der arme Heinrich" von Hartmann von Aue erklärten sie 1815: „Jetzt hat sich unser gesammtes Vaterland in seinem Blut von dem französischen Aussatz wieder geheilt und zu Jugend=Leben gestärkt. Um diesen Preis gebe nun fortan jeder Deutsche alles andere hin und sey stets bereit, als ein freudig Opfer zu fallen." Wie so viele andere Gelehrte ihrer Zeit verbreiteten sie das „Miasma der Germanomanie", das dem Schriftsteller Saul Ascher auch schon 1815 in die Nase stach.

Die Literaturwissenschaftlerin Christa Kamenetsky erklärte 1992, die Brüder Grimm seien Vorkämpfer der Demokratie gewesen, doch ganz so einfach liegen die Dinge nicht, auch wenn es stimmt, daß Wilhelm Grimm die Standesvorrechte der Aristokratie nicht mehr zeitgemäß erschienen. 1832 goß er in der *Hannoverschen Zeitung* seinen Spott darüber aus: „Man beruft sich oft auf das Mittelalter und die Herrlichkeit seines Adels; was würde jene gerühmte Zeit sagen, wenn sie diese ganze ungeschichtliche, das wahre Verhältnis zerstörende Erfindung des modernen Adels in seiner jetzigen Ausbreitung erblickte? Welcher eigenthümliche Beruf, welche besondere, anderen unerreichbare Stellung wird durch das Recht begründet, seinen Namen etwas weitläufiger zu schreiben? Wie oft ist dieses Recht aus leerer Eitelkeit gesucht und auf gewöhnlichen Wegen erlangt worden!"

Jacob Grimm wiederum bekannte im Mai 1848, daß er „für ein freies einiges Vaterland unter einem mächtigen König und gegen alle republikanischen Gelüste" eintrete, und im Juni des gleichen Jahres sprach er sich vor der Frankfurter Nationalversammlung in der Paulskirche unter Berufung auf die Kimbern und die Teutonen dafür aus, Jütland zu annektieren, weil die Jüten „ein ursprünglich germanischer Volksstamm" seien. Zehn Jahre zuvor hatte er sich als durch und durch unpolitischen Menschen beschrieben („wer verabscheut mehr als ich alles was man politisches treiben nennt? es hat mich nie nur aus der ferne berührt"), und zehn Jahre danach soll er in einem Brief an den Rechtshistoriker Georg Waitz behauptet haben: „Je älter ich werde, desto demokratischer gesinnt bin ich." Das Original dieses Briefs hat sich aber nicht erhalten; es liegt nur eine Abschrift des Empfängers vor.

Als politischer Denker hat Jacob Grimm sich auch milden Spott zugezogen. „Er lebte mit oft großen und oft absurden Gedanken in seiner Kleinwelt, halb seiner Märchenromantik, halb einem hilflosen Biedermeier zugehörig", stellte der Literaturkritiker Walter Boehlich 1966 fest. Ebenso wahr ist jedoch, daß Jacob und Wilhelm Grimm ein Geschichtsbild entwarfen, das auf verhängnisvolle Weise Schule machen sollte. Daran erinnerte 1975 der Philologe Klaus von See: „Die eigentliche Entdeckung einer völkischen – das ganze Volk umfassenden und ihm eigentümlichen – Kulturtradition beginnt erst mit den Brüdern Grimm."

Heute könne man „auf das alles mit einer gewissen Gelassenheit zurückblicken", schrieb der Germanist Karl Stackmann 1997. „Niemand wird leugnen, daß Anlaß zur Kritik an Jacob Grimm bestehen kann, daß es aggressiv nationalistisch gefärbte Äußerungen von ihm gibt, daß er durchaus politisch agiert hat, und niemand wird auch noch einen Grund sehen, das alles zu beschönigen oder zu verstecken. Aber wir werden doch immer auch in Rechnung zu stellen haben, daß sie in einen gänzlich anderen Zeithorizont gehören als den unserer Gegenwart."

Der Himmel klart nur langsam auf: Feldweg im Ebsdorfer Grund

Idyllisch gelegen: Hotel Dammühle in Neuhöfe

Kromo hat einmal gute Erfahrungen mit dem Hotel Dammühle gemacht, und deshalb wollen wir dort übernachten, aber weil es sich fern von unserer Route in dem mehr als fünf Kilometer entfernten Vorort Neuhöfe befindet, erlauben wir uns, am Marburger Hauptbahnhof ein Taxi zu nehmen. Die Tagesstrecke war auch so schon lang genug.

Und das Hotel ist tatsächlich ebenso gediegen wie das dazugehörige Restaurant. Obwohl hier gerade eine große Hochzeitsfeier steigt und großer Andrang herrscht, ist der Wirt die Ruhe selbst. Er nimmt sich sogar die Zeit, mir eine Hand auf die Schulter zu legen und uns zu fragen: „Schmeckt's euch, Jungs?"

Dann geht er weiter, von Tisch zu Tisch, und wenn er dabei in zufriedene Gesichter blicken möchte, dann kommt er auf seine Kosten. Es sind alle gut versorgt.

„In gehobenen Restaurants ist es ja oft so, daß die Attitüde größer ist als das Schnitzel", sagt Kromo. „Das ist hier aber nicht der Fall."

„Damit könntest du es in den Büchmann schaffen."

„Womit?"

„Mit dem Spruch über die Attitüde und das Schnitzel."

„Aber nur, wenn du ihn der Nachwelt überlieferst."

Was hiermit geschehen ist.

NEUNTER TAG: UBBELOHDE-WOLKEN ÜBER UBBELOHDES HAUS

Unser erstes Ziel ist heute der Lahnhöhenweg. Er gehörte früher einmal zu einer von Frankfurt nach Bremen führenden Weinstraße, die im Altertum als Bernstein- und Zinnstraße gedient hatte, und was wir sehen, ist eine traditionsreiche Kulturlandschaft von vorbildlicher Vielfalt: Mischwald, Felder, Weiden, Heckenrosen, ferne Kirchtürme und Flußgeglitzer. Und natürlich Berg und Tal.

Die Lahnberge hatten auch Jacob Grimm gefallen. Im Juli 1802 schrieb er in einem Brief an den Rechtshistoriker Paul Wigand: „O eine prächtige Gegend. Mit jedem Schritt romantischer u. schöner. Hohe Berge, aber keine kahle Hügel, sondern mit mannigfachem Grün geschmückt. Wiesen u. Wiesenquellen. Links das Schloß auf dem Berge von der Abendsonne vergoldet. Vor mir ein Dörfchen, das man vor Bäumen nicht würde sehen können, verriethe es nicht der aufsteigende Rauch."

Diesen Tag wollen wir in der geschichtsträchtigen und für die Brüder Grimm bedeutsamen Stadt Marburg und ihrer näheren Umgebung verbringen, und daher machen wir uns an den Abstieg. So darf man es schon nennen, wenn man kein Oberbayer ist, sondern Hannoveraner.

Im Marburger Rathaus, sagt Kromo, während wir zu Tale ziehen, habe er 2012 unter anderem mit dem bündnisgrünen Politiker Tom Koenigs und dem späteren thüringischen Ministerpräsidenten Bodo Ramelow von der Linken über Krieg und Frieden diskutiert. „Anläßlich einer Ausstellung meiner Fotos aus dem Zweiten Golfkrieg."

„Und zu welchem Ergebnis seid ihr gekommen?"

„Daß das alles nicht so einfach ist ..."

Für märchenliebende Touristen hat man in Marburg einen „Grimm-Dich-Pfad" angelegt, den wir wegen seines hirnverbrannten Namens jedoch außer acht lassen. In der Oberstadt suchen wir zuerst das „Haus der Romantik“ auf, ein Museum, auf dessen Dauerausstellung „Marburger Romantik um 1800“ wir uns schon lange gefreut haben. Sie ist aber so winzig, daß wir bereits nach fünf Minuten wieder draußen auf dem Marktplatz stehen und uns fragen, ob wir unser Eintrittsgeld zurückverlangen sollten. Kromo spricht von einem „Etikettenschwindel“, und wir finden beide, daß dieses Museum ehrlicherweise in „Kabüffchen der Romantik“ umgetauft werden sollte.

Rechts unten am Markt beginnt die Barfüßerstraße. In dem Haus Nummer 35 bezog Jacob Grimm als Student der Rechtswissenschaften 1802 eine Wohnung, und im Jahr darauf folgte ihm Wilhelm hierher. Das verwinkelte und alterskrumme Fachwerkgebäude aus dem 17. Jahrhundert erfüllt äußerlich alle Erwartungen an einen Wohnsitz der berühmten Brüder, denn es sieht so aus, als hätten dem Bauplan die Illustrationen eines Märchenbuchs zugrunde gelegen.

Wie der Historiker Peter Hammerschmidt herausgefunden hat, quartierte sich ausgerechnet in diesem ehrwürdigen Haus 1946 der flüchtige NS-Kriegsverbrecher Klaus Barbie ein, berüchtigt als der „Schlächter von Lyon“, den der US-amerikanische Geheimdienst CIC 1947 als Agenten rekrutierte. Erst 1987 wurde Barbie in Bolivien festgenommen und in Frankreich vor Gericht gestellt, nachdem der Bundeskanzler Helmut Kohl die Auslieferung nach Deutschland verhindert hatte.

Im Erdgeschoß hat sich ein Lebensmittelgeschäft namens Heinzelmännchen etabliert und gegenüber das Café Barfuß. Zeit für einen Milchkaffee.

„Zu Marburg“, erinnerte sich der alte Jacob Grimm, „mußte ich eingeschränkt leben; es war uns, aller Verheißungen ungeachtet, nie gelungen, die geringste Unterstützung zu erlangen, obgleich die Mutter Witwe eines Amtsmanns war und fünf Söhne für den Staat groß zog; die fettesten Stipendien wurden daneben an meinen Schulkameraden von der Malsburg ausgeteilt, der zu dem vornehmen hessischen Adel gehörte und einmal der reichste Gutsbesitzer des Landes werden sollte.“ Doch im Unterschied zu dem angehenden Schriftsteller Ernst von der Malsburg, der heute längst vergessen ist, bezog Jacob Grimm seine Energie gerade aus dem Vertrauen auf die eigene Kraft: „Dürftigkeit spornt zu Fleiß und Arbeit an, bewahrt vor mancher Zerstreuung und flößt einen nicht unedlen Stolz ein, den das Bewußtsein des Selbstverdienstes, gegenüber dem, was anderen Stand und Reichtum gewähren, aufrecht erhält.“

Jacob, der eine strengere Arbeitsmoral und eine robustere Gesundheit besaß als Wilhelm, fiel auch in der Studentenzeit die Rolle des großen Bruders zu. Der Historiker Alfred Höck hat das Autoritätsgefälle anschaulich beschrieben:

Marburg, Barfüßerstraße 35: In diesen einstigen Wohnsitz der Brüder Grimm zog nach dem Zweiten Weltkrieg ein Kriegsverbrecher ein

In Marburg dabei: Begleiter Julius (links), Wanderer Henschel

„Hier, wie schon zuhaus in der Familie, galt Jacob als der Führende und Verantwortliche; auffällig ist der Spitzname ‚Der Alte' für den Jugendlichen, dagegen wird Wilhelm als ‚Kleiner' angeredet vom gemeinsamen Schulfreund Ernst von der Malsburg, der schon mit Jacob zur Universität gegangen war."

Als siebzehnjähriger Student hatte sich aber auch Jacob in Marburg anfangs fremd und unsicher gefühlt. Im Mai 1802 schrieb er an Paul Wigand, daß die Lage der Stadt „gewisz sehr schön", die Stadt selbst aber „sehr häszlich" sei: „Ich glaube, es sind mehr Treppen auf den Straszen als in den Häusern. In ein Haus geht man gar zum Dach hinein." Und ein Vierteljahr danach: „Am Sonntag besah ich die hiesige Elisabetherkirche. Ein wahres Meisterstück, in ächt gothischem Geschmack, und die farbigen Fenster – eine leider jetzt verlorene Kunst – wie feierlich und die Gruft mancher Landgrafen wie schauerlich! Der Vorwelt Schattengebilde umsäuseln uns und erinnern uns an unsre Vergänglichkeit!"

Wo's kneift: Werbung für eine Hauspraxis in Goßfelden

„Die Brüder haben ja wohl ohne Ende Briefe geschrieben", sagt Kromo. „Und Briefe ohne Ende ..."

Rund dreißigtausend sollen es im Laufe des Lebens der Brüder Grimm gewesen sein, und diese Korrespondenz war ihnen, wie Wilhelm Grimm im September 1813, also zur Zeit der Befreiungskriege, dem Münchner Bibliothekar Bernhard Josef Docen mitteilte, „gleichsam eine Milch zur Versüßung des öffentlichen zehrenden Kummers". Wobei Jacob stets seine Forschungsinteressen im Auge behielt. „Solche Briefe", schrieb Jacob Grimm Juli 1821 an Friedrich Carl von Savigny, „sind weniger Herzensergießungen, als selbst Arbeiten, Fragen und Antworten auf das, was man unmittelbar studiert."

Der Unterricht bei dem Privatdozenten Savigny erwies sich als Schlüsselerlebnis: Er war es, der Jacob Grimm in Marburg für das Studium der deutschen Sprache und Literatur begeisterte, und über ihn lernten die Brüder den Schriftsteller Clemens Brentano kennen, der sie zum Sammeln von Märchen anregte, als er selbst gemeinsam mit Achim von Arnim die Volksliedersammlung „Des Knaben Wunderhorn" zusammenstellte.

In Marburg fanden Jacob und Wilhelm Grimm Anschluß an einen großen Kreis historisch interessierter Philologen, Theologen, Juristen und Philosophen. Hier traten sie in die gelehrte Welt ein, und 1819 wurden sie zu Ehrendoktoren der Philosophischen Fakultät der Universität Marburg ernannt.

Kromos Freund Julius, ein alter Gewerkschafter aus Marburg, holt uns aus der Oberstadt ab. Er ist heute unser Chauffeur und befördert uns an jeden Ort, den wir uns wünschen. Der erste ist der historische, nach der katholischen Heiligen Elisabeth von Thüringen benannte Elisabethbrunnen im Marburger Stadtteil Schröck. Dort hielt Wilhelm Grimm im Herbst 1828 auf einer Reise Rast und schrieb danach in einem Brief: „Das Wasser quillt noch so prächtig und voll wie zu der Zeit, als die hl. Elisabeth von Marburg aus dahin wanderte. Es ist schon seit ein paar hundert Jahren von einer gar nicht übeln Architektur eingefaßt, und da ein Metallbecher an einem Kettchen daneben hängt, so überwand ich meine Abneigung vor Wasser und trank davon mit stillen, aber redlichen und herzlichen Wünschen für alle geliebten Menschen."

Wir wollen es Wilhelm Grimm nachtun, aber Pustekuchen: Auf einem Schild steht, daß hier kein Trinkwasser fließe.

Kromo lauert auf Sonnenstrahlen, um den Brunnen gut ins Bild setzen zu können, und ich telefoniere mit einem Vermieter von Monteurswohnungen in der Stadt Rosenthal, die wir am nächsten Tag anpeilen wollen.

Er vermiete nicht mehr an Monteure, sagt der Mann.

„Wir sind auch keine. Wir sind auf Wanderschaft ..."

„Ach so! Das ist natürlich was anderes!"

Wir werden handelseinig, und dann geht es weiter zum Kaiser-Wilhelm-Turm hoch oben im Wald. An der Vorderseite des Turms befindet sich ein sogenanntes Lichtkunstherz. Man könne es, wie Julius uns erklärt, mit einem Anruf für fünfzig Cent aufleuchten lassen. Das sei in ganz Marburg sichtbar, und das Geld fließe an eine Behindertenorganisation.

Von der Brüstung der Terrasse mit ihrer grandiosen Aussicht auf das Lahntal halte ich mich fern, denn der Aufstieg zur Ruine Frauenberg hat meinen Bedarf an Nervenkitzeln vorläufig gedeckt. Ich kann auch ohne den Blick in Abgründe fröhlich sein.

In Goßfelden, acht Kilometer nördlich von Marburg, erwartet uns Herr Karl Heinz Görmar, um uns durch das Atelierhaus eines Künstlers zu führen, der sämtliche Märchen der Brüder Grimm illustriert hat: Otto Ubbelohde (1867–1922). Seine Zeichnungen sind in einem mythischen Hessen angesiedelt und wirken noch immer frisch, weil ihnen das Süßliche und Zuckerbäckerische fehlt, das die Bilder vieler anderer Illustratoren alt aussehen läßt. „Seine Märchenwelt", schrieb der Kunsthistoriker Rainer Zuch 2015, „ist nicht ‚heil', sondern spiegelt den widersprüchlichen Umgang, den seine Zeit mit der Vergangenheit pflegt. Eine Idylle ist Ubbelohde nicht mehr möglich."

Das Grundstück habe Ubbelohde 1898 erworben und darauf ein Haus „mit typisch oberhessischem Kratzputz" errichtet, wie Herr Görmar uns erklärt. Es sei das erste Haus in Goßfelden mit einer Zentralheizung gewesen.

Mitten im Wohnraum steht der Schreibtisch, an dem Ubbelohdes Märchenzeichnungen entstanden, und dort liegt noch die alte Schreibunterlage mit originalen Tintenflecken.

Von den ausgestellten Werken gefällt mir das Gemälde „Die Frau in Weiß II" am besten. Wenn mir das einmal ein geneigter Leser schenken möchte, kann er es gern tun.

Ins Auge springen mir auch ein zauberischer Märchenfries, ein Totenschädel und Ubbelohdes Gitarre.

„Man meint, er wäre gerade erst weggegangen", sagt Herr Görmar und zeigt uns dann auch den Garten, der weiter gepflegt werde. Und den Himmel: „Das Glück muß man haben! Ubbelohde-Wolken über Ubbelohdes Haus!" Genaugenommen sei Ubbelohde „ein früher Grüner" gewesen. Die Agraringenieure würden am liebsten auch noch die Wolken ekkig machen, habe er einmal gesagt.

Auf dem Nachbargrundstück knabbern frischgeschorene Alpakas am Stroh. Nachdem Kromo genug Fotos von ihnen geschossen hat, macht er mich auf eine Parallele aufmerksam: „Ubbelohde hat ja, obwohl kein Zeitgenosse

Trinkquelle ohne Trinkwasser: Marburger Elisabethenbrunnen

Der Künstler zog aufs Dorf: Ubbelohde-Haus in Goßfelden

Künstlerisch vielfältig aktiv: Atelier mit Ubbelohde-Gemälden

der Grimms, bei ihnen so etwas gemacht wie ich bei dir: das Geschriebene ins Optische umgesetzt. Ist also ein Berufskollege von mir, wenn man so will."

Otto Ubbelohdes Biograph Hans Laut war noch in allen Irrtümern der Überlieferung befangen, als er 1943 auf den Zusammenhang zwischen der Herkunft der Märchen und Ubbelohdes Bildmotive einging: „Diese Übertragung des Märchens in die Heimat des Künstlers ist so deutlich, daß viele der gezeichneten Gegenden mit Ansichten aus Hessen und Nassau gleichgesetzt werden können. Und es ist wohl mehr als ein Zufall, daß die meisten Märchen den Brüdern Grimm tatsächlich im Hessenland erzählt worden sind. Hier weilten die beiden Brüder immer wieder und fanden eine schier unerschöpfliche Fundgrube deutscher Märchen und Sagen, wenn sie sich von den alten Müttern am Spinnrad oder von den alten Männern unter der Dorflinde oder am Dorfbrunnen die Märchen mit ihrer wundervollen Phantasie und Zauberwelt erzählen ließen. Noch heute steht in Goßfelden neben der Kirche jene alte Linde, unter der die Brüder Grimm mit ihren Freunden aus der Romantikerzeit saßen und den Märchenerzählern lauschten."

Die Legende, daß die Brüder Grimm ihre Märchen Großmüttern am Spinnrad und Greisen am Dorfbrunnen abgelauscht hätten, lebt noch immer fort, aber die alte Linde neben der Goßfeldener Kirche ist 1968 gefällt worden, wie Herr Görmar uns mitteilt.

Bei ihm daheim in Marburg-Ockershausen könnten wir Zwetschgenkuchen essen, sagt Julius und berichtet uns auf der Autofahrt dorthin, daß die hessischen Metzger nach dem Mauerfall tonnenweise Schweine aus den Landwirtschaftlichen Produktionsgenossenschaften der DDR geraubt und in Lastkraftwagen geschlachtet hätten, um das Fleisch hier zu verkaufen.

Auch solche Geschichten müßte einmal jemand aufschreiben: die modernen, die nicht am Spinnrad erzählt werden, sondern am Lenkrad.

Nach dem Kuchenessen ist unsere nächste Station der zehn Kilometer nördlich von Marburg gelegene Ort Cölbe-Schönstadt, denn dort wohnt Regine Hassenpflug, eine Ururururenkelin von Lotte Grimm. Ihr Bruder Matthias, der gemeinsam mit seiner Frau Ulrike Braun in Berlin-Zehlendorf die schöne Buchhandlung Braun & Hassenpflug betreibt, hatte mir nach einer Lesung geraten, bei seiner Schwester einzukehren.

Und das tun wir nun. Es gibt Kaffee in ihrem mild sonnenbeschienenen Garten, und sie gesteht uns, daß sie ihren kleinen Sohn einmal im Brüder-Grimm-Museum in Steinau verbotenerweise auf dem Sofa plaziert habe. „Das mußte einfach sein. Und ich hab gesagt: ‚Du

Gab den Märchen der Grimms ein Gesicht: Ubbelohde-Zeichnung zu „Rotkäppchen"

sitzt hier jetzt auf dem Sofa deiner Ururururgroßmutter!'"

Regine Hassenpflug ist Agrar-Ingenieurin und Internet-Content-Managerin. Sie arbeitet bei der Gemeinde Cölbe, ist an Klimaschutzprojekten beteiligt und hilft bei der Betreuung der lokalen Büchertauschbörse mit, aus der sie, wie sie uns sagt, stets alle Romane von Heinz G. Konsalik beseitige. Das ist ein sympathischer Zug, denn Konsaliks faschistoide Schnulzen haben schon genug Unheil in den Köpfen angerichtet.

Von Regine Hassenpflug erfahren wir auch, woher die Franzosenwiesen im Norden von Schönstadt ihren Namen haben: Dort durften die Nachfahren hugenottischer Flüchtlinge im 18. Jahrhundert ihr Heu machen.

Viele Märchen der Brüder Grimm gehen auf Erzählungen der Schwestern Amalie, Johanna und Marie Hassenpflug zurück, deren Bruder Ludwig 1822 die Ehe mit Lotte Grimm einging. In der Überlieferung geriet jedoch einiges durcheinander, weil Wilhelms Sohn Herman die junge Marie Hassenpflug mit einem alten hessischen Kindermädchen namens Marie verwechselte. „Ueber der Wild'schen Kinderstube in der Sonnenapotheke, mit ihren vielen Gängen, Treppen, Stockwerken und Hinterbaulichkeiten, die ich selbst als Kind alle noch durchstöbert habe, waltete die ‚alte Marie'", schrieb er 1895 und gab sie als Quelle der „schönsten Märchen" des ersten Bandes an, darunter „Brüderchen und Schwesterchen", „Rotkäppchen" und „Dornröschen". Dieser Irrtum wurde erst 1975 von Heinz Rölleke korrigiert, der auch feststellte, daß die „Alte Marie" lange vor Herman Grimms Geburt gestorben war. Die von Herman Grimm genannten Märchen gehen alle auf Marie Hassenpflug zurück.

Selbst vier Jahre danach hatte sich der neue Forschungsstand aber noch nicht bis zu der feministischen Theologin Madonna Kolbenschlag herumgesprochen. In ihrem Buch „Kiss Sleeping Beauty Good-Bye" sagte sie Grimms Märchen 1979 Frauenfeindlichkeit und ein selbst für die damaligen Verhältnisse rückständiges Menschenbild nach. Es sei bezeichnend, schrieb sie, daß ungefähr ein Drittel der ursprünglichen Sammlung der Grimms von einer einzigen alten Amme stamme, nämlich der „alten Marie". Woraus wieder einmal zu lernen wäre, wie bequem man durchs Leben kommt, wenn man sich auf seine Vorurteile verläßt und die neuere Literatur ignoriert.

„Aber zumindest Jacob Grimms Frauenbild war doch tatsächlich ausgemacht hinterwäldlerisch", sagt Kromo, als Julius uns zurück nach Marburg fährt. „So von wegen, daß die Weiber an den Herd gehörten ..."

Das trifft zu. „Durch öffentliches Vortreten und Lautwerden versehrt das Weib seine angeborne Sitte und Würde", erklärte Jacob Grimm 1822 in der Rezension eines Buchs über die deutschen Schriftstellerinnen des 19. Jahrhunderts. Er blieb sein Leben lang ein Hagestolz, doch er freute sich, als Wilhelm in seinem 40. Lebensjahr die Apothekerstocher Dorothea Wild heiratete, der wir unter anderem die Märchen „Frau Holle", „König Drosselbart" und „Rumpelstilzchen" verdanken. In einem Brief an Karl Lachmann äußerte Jacob sich im Januar 1825 hochzufrieden über diesen Ehebund: „In unserm hauswesen wird es nur gute folgen haben; denn es versteht sich und ist auf ältere, unverbrüchliche übereinkunft, sogar auf stillschweigende, gegründet, daß wir brüder zusammenwohnen bleiben und alles zusammenwerfen."

In der Wohngemeinschaft, die das Ehepaar Wilhelm und Dorothea Grimm mit dem äußerlich asexuellen Bruder und Schwager Jacob bildeten, können Spannungen nicht ausgeblieben sein. Schon im Mai 1811 tadelte Wilhelm

Geht auch ohne Konsalik: Büchertauschbörse in Cölbe-Schönstadt

Marburgs Oberstadt: Wo Fachwerk die Gassen dominiert

an Jacob in einem Brief an Achim von Arnim „einen großen Hang zum sich eingraben“ und elf Jahre später, abermals in einem Brief an Achim von Arnim, „ein gewisses stacheliches Wesen“. Überfordert fühlte Jacob sich vor allem von den Besuchen der quirligen Bettine von Arnim. „Bettinens Gegenwart bringt mich eigentlich aus meinen Fugen, sie ist ein überlaufender Brunnen, der sich und andere nicht zu ruhigem Maß der Gedanken kommen läßt“, schrieb er im Oktober 1839 an Friedrich Christoph Dahlmann, und dem Philologen Wilhelm Wackernagel teilte er im Juli 1842 mit, er sehne sich „nach abgeschiedenheit und stille, fast nach klösterlicher“.

Ins Rampenlicht trat er nur widerstrebend. Als der Historiker Theodor Georg von Karajan sich 1843 eine Daguerrotypie von ihm wünschte, schrieb Jacob Grimm ihm zurück, „dass schon ein wenig scham überwunden sein will, um sich da öffentlich dem anblick der lichtstrahlen hinzugeben“. Er war der Stammvater aller Stubenhocker, doch er scheint nicht prüde gewesen zu sein. Für Lexikographen, schrieb er 1852 an den niederländischen Philologen Matthias De Vries, seien alle Wörter „gleich wichtig und heilig“ und folglich auch „die an sich unschuldigen obscoenen“. In diesem Zusammenhang bat er De Vries um die Auskunft, ob man auch in Holland „aa“ und „caca“ sage und ob es eine niederländische Entsprechung „für den Ausdruck kalte Bauer“ gebe, also für Spermaflecke, und bei der Arbeit an seinem Wörterbuch stellte er sich tapfer dem Wort „Fotze“ („ein unhübsches, gemiedenes wort, bei dem die sprachforschung doch manches zu erwägen hat“).

Andererseits erwirkte Jacob Grimm als Mitglied der Kasseler Zensurkommission ein Verbot der Memoiren Casanovas, „wegen des schlüpfrigen Inhalts“, und als er 1852 in der Berliner Akademie der Wissenschaften eine Vorlesung über „Frauennamen aus Blumen“ hielt, stellte er den Prostituierten der Neuzeit ein viel schlechteres Zeugnis aus als den Hetären der griechischen Antike: „Es wäre ein missgrif, die hetären nach der sittlichen erniedrigung und verworfenheit feiler dirnen neuer zeit zu messen. Der umgang mit ihnen war männern allgemein verstattet und auf keine weise beschimpfend, ausgezeichnete, edle geister ergaben sich ihm ohne sorge.“

Aber wie genau kannte Jacob Grimm die feilen Dirnen seiner Zeit? Hat er jemals ein Bordell besucht?

1926 wandte sich der völkische Philosoph Alfred Baeumler gegen die Lesart, daß aus Jacob Grimms Worten über die Hetären eine heimliche Sehnsucht nach ihnen spreche. Sowohl Jacob Grimm als auch der Altertumsforscher Johann Jakob Bachofen, schrieb Baeumler, hätten es gewagt, „ein Zeitalter ‚freier, ungebundener Liebe‘ anzusetzen, nicht weil sie, wie moderner Psychologismus gern annehmen möchte, von verdrängten Wünschen ihrer Phantasie zu dem Bilde eines solchen

Vor der Stadt ist Ubbelohde-Land, Ubbelohde-Wolken inklusive

Zeitalters geführt werden, sondern weil ihre innere Reinheit es ihnen gestattet, Dinge auszusprechen, die, von andern nur gestreift, schon peinlich berühren würden. Völlige Reinheit der Seele ist die einzige, aber auch unnachläßliche Voraussetzung für die Möglichkeit, in geschlechtlichen Dingen das Bestehende anzuerkennen, ohne ins Gemeine oder Unnatürliche zu verfallen."

Er höre immer „Reinheit", sagt Kromo. „Ist Jacob Grimm nicht auch mal spitz gewesen? Oder hat er sich etwa alles durch die Rippen geschwitzt? So wie man das von katholischen Priestern kennt?"

Man weiß es nicht. Der Germanist Ernst Simon stufte ihn 1929 als einen jener Gelehrten ein, die nicht „schlechthin Entsagende" seien, „sondern deren Erotik sublimiert und umgelagert, doch durchaus nicht verdrängt wird". Jacob Grimm habe seine Erfüllung in der Arbeit gefunden. Das Bestreben, ihn als einen Menschen zu ehren, der von allen fleischlichen Versuchungen frei gewesen sei, führte auch später noch zu komischen argumentativen Verrenkungen: 1961 setzte der Mediävist Friedrich Neumann (vormals Mitglied der NSDAP und „Förderndes Mitglied der SS") in einem Beitrag für die *Zeitschrift des Vereins für Hessische Geschichte und Landeskunde* seinen ganzen Scharfsinn an die Widerlegung der These, daß Jacob Grimm einer Frau namens Louise Bratfisch einen Heiratsantrag gemacht habe. Denn das hätte nicht zum Image des asketischen Schreibstubengelehrten gepaßt. Aber vielleicht hatte der Literaturwissenschaftler Ulrich Wyss trotzdem recht, als er 1985 über Jacob Grimm schrieb: „Der dämonische Gelehrtenfleiß scheint alle Energien dieses Menschen aufzuzehren."

In dem soliden Restaurant Sellhoff entscheiden wir uns für den Schlemmertopf und das Zanderfilet, und Kromo deutet mit dem Kinn zum Nachbartisch, wo eine Dame sitzt, deren Blusenärmel von Häkelspitzen durchbrochen sind. „Die will, daß man die Tattoos erkennt, die sie an den Armen hat ..."

Genauer hinschauen? Nein. Lieber hätte ich mein Lebtag lang Linsen aus der Asche gesucht.

Heute nächtigen wir in der Marburger Pension Harmony an der Mühltreppe. Als ich dort auf der Terrasse eine letzte Zigarette rauche, fällt mein Blick auf ein Schild an der Hauswand. Es hängt dort zum Gedenken an die frühere Bewohnerin Elisabeth Schellenberg (1746–1814): „Die aus armen Verhältnissen stammende Marburgerin erzählte 1810 einer Vermittlerin der Brüder Grimm die Märchen ‚Aschenputtel' und ‚Der goldene Vogel', die Eingang in deren Sammlung der Kinder- und Hausmärchen fanden. Lebte in diesem Haus wohl schon als Kind, bis sie zwischen 1786 und 1802 ins Siechenhaus St. Jost eintrat."

Hier stehen wir unter einem guten Stern.

Eine Richtung, zwei Ziele: Doppelwegweiser in Marburgs nördlichem Außenbezirk

Knorrige Allee: Auf dem Lahnhöhenweg über Marburg

 Die Solarblumen (Waldeck)

 Der Baumstumpf I (Waldeck)

Der Baumstumpf II (Laubach)

 Die Werbefassade (Hasselroth)

Die Wohnfassade (Kesselbach)

 Der Schlafexperte (Wächtersbach)

 Der Mulchdrache (Oberzwehren)

 Das Hotel (Bad Orb)

Die Kneipe (Hanau)

 Der Hautputz (Schlüchtern)

ANNO
1945
Will's aber
so mag er nach
nur soll er nicht das
sonst wird er schlecht
einer anders halten
belieben schalten
Handwerk schänden
und schmählich enden
7

Wundersames Weidetier: Weißes Schaf, schwarzer Kopf

genossen, die wichtige Ideale des NS-Staates verkörperten, während man in der DDR die Sieben aus marxistisch-leninistischer Perspektive der progressiven Klasse des Vormärz zuordnete", schrieb die Juristin Miriam Saage-Maaß 2007.

Zehn Jahre zuvor hatte Klaus von See die „Legende" der Göttinger Sieben einer scharfen Kritik unterzogen. Er wies darauf hin, daß die Rechtswidrigkeit der Aufhebung der Staatsverfassung durch Ernst August I. durchaus umstritten sei, und er bescheinigte Jacob Grimm mit überzeugenden Belegen Scheinheiligkeit, Intoleranz, Weltfremdheit, Dünkelhaftigkeit, Engherzigkeit und doktrinären Starrsinn sowie Inkompetenz in verfassungsrechtlichen Dingen. Auch die Verteidigungsschrift über seine Entlassung wecke Zweifel an seinem politischen Sachverstand: „An die Stelle der argumentativen Auseinandersetzung mit abweichenden Meinungen setzt sie die selbstgerechte Berufung auf die höchstrichterliche Instanz des eigenen guten Gewissens."

Wo Fische sind, ist auch der Fischreiher: Waldweiher bei Rosenthal

Es ist erfrischend, nach den vielen Lobliedern auch einmal etwas so Respektloses zu lesen.

An einem kleinen Waldweiher fotografiert Kromo für mich ein Schild, auf dem steht, wer dort so alles beheimatet ist, nämlich unter anderem Wasserspinnen, Teichmuscheln, Ruderwanzen, Gelbrandkäfer und Königslibellen.

Dann fliegt ein Fischreiher auf und in seinem Gefolge ein Entenschwarm.

„Und das da vorne ist ein Mönch", sagt Kromo und zeigt auf eine Vorrichtung am Ende eines Holzstegs. „Damit wird der Wasserstand reguliert ..."

Ich verstehe nur Bahnhof und fordere Kromo lieber zu einer Wette heraus. „Du nimmst diesen Bumerang hier", sage ich und händige ihm ein klobiges Stück Holz aus, „und ich diesen" – einen Zweig, der zugegebenermaßen ein paar Nummern flugtauglicher aussieht. „Jetzt werfen wir, und der, dessen Bumerang weiter zurückfliegt, hat gewonnen."

Kromos Knüppel schafft bloß eine Bruchlandung auf dem Waldweg. Aber auch mein eigener Bumerang scheint keinen Rückwärtsgang zu besitzen: Er segelt mit voller Kraft voraus und verfängt sich irgendwo im Gesträuch.

„Und wer hat jetzt gesiegt?" fragt Kromo.

Ich schlage ihm eine zweite Runde vor, mit Steinen, die wir auf irgendeiner Wasseroberfläche aufditschen lassen könnten, und er willigt ein.

Auf dem „Grenzsteinweg Süd" passieren wir eine baumlose Hochebene, die bei 38° Celsius unbegehbar gewesen wäre. Der Himmel spendiert uns etwas Wind und eine geschlossene Wolkendecke ohne einen Tropfen Regen, und wir sehen einen einsamen Traktor über einen Acker tuckern.

„Hoffen wir mal, daß er beim Eggen nicht aneckt", sagt Kromo. „Kleiner Scherz für den nächsten Abend bei der Feuerwehrkameradschaft!"

Vor uns liegt Rosenthal. Die Gebäude sehen von oben auch wieder so graziös aus wie die Produkte der Modelleisenbahnenhersteller Märklin und Faller.

Wir wandern talwärts und gehen an einem Bach namens Bentreff entlang.

„Ja, ich komm ja schon", ruft Kromo ein paar Kälbern zu, die sich hinter einem Zaun für ein Gruppenbild bereithalten.

Der Ort Rosenthal, „an der Bentreff, hat eine Spinn=, Kratz= und Spuhlmaschinenfabrik", vermeldete 1855 der Gelehrte Johann Friedrich Günther Cannabich in seinem „Lehrbuch der Geographie". Diese Unternehmen gibt es hier zwar nicht mehr, aber dafür die Lerch-Türen GmbH, aus deren Fabrik wir ein Summen vernehmen: So hört sich es also an, wenn Türen produziert werden.

Was mich auf die Idee bringt, unser Wandertagebuch mit einem Tonträger auszustatten. Die Blasmusik aus Bracht, das Gekeife der Frau aus Lauter, das Meckern der Burenziegen und die Brunftschreie der Kuh des Bauern aus Reinhardshain – hätten wir das nicht alles aufnehmen sollen?

Und wie auf Kommando ertönt aus einem offenstehenden Einfamilienhausfenster der Trompetenhit „Il Silenzio".

Aber Kromo rät mir ab. „Für Gesamtkunstwerke ist Richard Wagner zuständig", meint er. „Wir sollten bei unserem gewohnten Konzept bleiben. Du Wörter, ich Fotos. Und fertig."

Neben der Pforte des Rathauses von Rosenthal hängt eine Plakette mit dem Hinweis, daß es sich um ein fledermausfreundliches Haus handele. Das ist erfreulich, auch wenn ich dabei an eine melancholisch gefärbte Bemerkung des Trendforschers Richard Kähler alias Teddy Hecht aus dem Jahre 1989 denken muß, in der es um Ratten ging: „Na, endlich mal Tiere, um die man sich *keine* Sorgen zu machen braucht!"

Bereits um zwei Uhr nachmittags erreichen wir unser 1699 erbautes, wunderbar nach Holz aus Olims Zeiten duftendes Quartier mit WLAN-Anschluß. Und ich habe sogar einen kleinen Raucherbalkon in einer Höhe, die mich nicht schwindlig macht.

Am frühen Abend halten wir Ausschau nach einem Restaurant mit regionalen Spezialitäten, doch das ist vergebliche Liebesmüh. Es gibt in der deutschen Provinz anscheinend keine deutsche Küche mehr. Wir landen daher wieder einmal in einer Pizzeria. Der Wirt, ein freundlicher Herr im besten Alter, stellt sich als Francesco vor und schüttelt uns beiden die Hand.

„Kromo", sagt Kromo.

„Ah, Como!" ruft der Wirt aus. „Da hab ich Verwandte!"

Francesco, der italienische Wirt von Rosenthal

Holzduft und WLAN-Anschluss: Unterkunft Altes Amtshaus in Rosenthal

Wissen, wo's langgeht: Die Richtung stimmt

ELFTER TAG: SCHWIERIGKEITSGRAD MITTEL

Wir frühstücken im Rosenthaler Nahkauf-Supermarkt an einem tageslichtlosen, von Stubenfliegen umschwirrten Tisch einer Bäckerei, und ich lese Kromo aus der *FAZ* vor, was ein Bundestagsabgeordneter der AfD gesagt hat: „Heute ist es Bürgerpflicht, diese todbringenden Messermigranten zu stoppen."

„Danke für den Hinweis", sagt Kromo. „Den nächsten Häuslebauern, die mich daran hindern wollen, ihren Vorgarten zu fotografieren, werde ich mich als Messermigrant vorstellen ..."

Auf einem Parkplatz namens Fischewosse hadert er mit seiner irgendwie spinnenden Kamera, so daß ich Zeit habe, die vielen Schilder zu studieren. Auf einem steht, daß an diesem Ort einst in Wasserlöchern Flachs geröstet worden sei. Und daß man in einem alten Rosenthaler Kirchenbuch das Folgende verzeichnet habe: „Barbara – Johann Goosen Dochterlein. Dieses Kind ist ouffem Fischewosse in einer Flachssoßen ertrunken als seine Mutter Flachs geriffelt hatt den 30. August 1608 ist bals darauf gestorben."

Wie eine „Flachssoßen" ausgesehen haben mag und wie das Rösten in Wasserlöchern vor sich ging, weiß ich nicht, aber den Gram der Eltern kann ich mir vorstellen, und ich ahne, daß mir das Wort „Dochterlein" nachgehen wird.

Jetzt stehen hier Wohnmobile.

Unter einer kalt lachenden Sonne wandern wir den Gänseberg hinauf.

„Schwierigkeitsgrad mittel", erklärt Kromo und schreitet achtlos an einer Sitzbank vorüber.

„Und wie nennt sich der Wald hier?"

„Lohberg, sagt die Karte."

Er sieht jedenfalls fabelhaft aus. Tief in sich ruhend, lauschig und erhaben. Er ist nur etwas uneben: Jenseits des nächsten Tals müssen wir wieder achtzig Meter hoch hinauf, auf dem „Studentenpfad", einem Wanderweg, der von Gießen nach Göttingen führt.

Auf einem abschüssigen Feld sehen wir Gevatter Fuchs umherschleichen, den Schlauesten unter allem Getier, wie er in dem Märchen „Der Zaunkönig und der Bär" genannt wird. Wölfe dagegen haben wir auf unseren Wanderungen noch nie in freier Natur erblickt.

In dem kleinen Dorf Sehlen beschneidet ein Bauer die Hufe einer Kuh. Nach dem Kalben sei das nötig „und sowieso einmal jährlich", wie er uns mitteilt.

Leider finden wir hier kein Café, keinen Bäcker, keine Eisdiele und kein Lebensmittelgeschäft. Dafür entschädigen uns der Anblick einer großen Gänseweide, auf der es turbulent zugeht, und das Gluckern des Schweinfebachs, der Sehlen durchfließt. „Der Schweinfebach ist

Festgebunden: Kuh in Sehlen wartet auf ihre Hufbeschneidung

goldführend“, heißt es in einem Aufsatz des Geologen Helmut Lorenz, aber wir haben natürlich unsere Goldwaschpfannen nicht dabei.

Auf der für den Autoverkehr gesperrten Landstraße nach Haina sind schwere Bauarbeiten im Gange. Es ist alles tief ausgeschachtet, Bagger und Dampfwalzen machen sich breit, und wir weichen auf einen Acker aus und trotten dann auf der unfertigen Straße weiter. Bei steigender Temperatur. Die Sonne setzt uns wieder so energisch zu, als wäre das hier ein subtropischer Hochdruckgürtel und nicht der Landkreis Waldeck-Frankenberg.

In der Kleinstadt Haina suchen wir uns in einer Tankstelle das Zubehör für ein Picknick zusammen: Gerolsteiner, Vittel, Bifi, Lion, Snickers und Snickers Ice Cream. Dafür ist es höchste Zeit.

Im 16. Jahrhundert wurde das frühgotische Zisterzienserkloster in Haina in ein Hospital umgewandelt, das in der Form eines Zentrums für Soziale Psychiatrie noch immer besteht. Das dunkelste Kapitel der Geschichte dieser Pflegeanstalt begann mit der Machtergreifung der Nationalsozialisten: Sie kürzten die Pflegesätze, ordneten Zwangssterilisationen an und deportierten viele Patienten in Tötungsanstalten und Konzentrationslager. Die Historikerin Christina Vanja nimmt jedoch an, daß das Pflegepersonal von der Ideologie der „Rassenhygiene“ nicht überzeugt gewesen sei: „Im Bericht des Betriebsarztes der ‚Reichsarbeitsgemeinschaft Heil- und Pflegeanstalten‘, der im Sommer 1944 Haina inspizierte, wurde bemängelt, dass man an diesem Ort an der Ermordung der Kranken nicht mitwirken wolle, vielmehr sogar völlig verblödete Kinder noch päppele. Derartige Hinweise machen es wahrscheinlich, dass Haina nicht zur großen Zahl der NS-Tötungsanstalten gehörte, frei von einer Mitschuld am letztlich weitgehend reibungslosen Ablauf des ‚Euthanasie‘-Programms ist allerdings auch diese Einrichtung nicht.“

Einer der Patienten bietet auf einer Bank im Sonnenschein Püppchen und anderes Spielzeug zum Verkauf an. Einen Blick werfen wir auch in das benachbarte Geburtshaus des Malers Johann Heinrich Wilhelm Tischbein, auf dessen berühmtem Gemälde aus dem Jahr 1787 Goethe in der römischen Campagna mit zwei linken Füßen zu sehen ist, aber da wir keine großen Fans des Malers sind, lassen wir Haina schon nach kurzer Zeit hinter uns und nehmen Kurs auf die nächsten in der Wanderkarte verzeichneten Zwischenstationen: Im Kälbergrund und Kleiner Koppelberg.

„Wir sind hier übrigens im Naturpark Kellerwald-Edersee“, sagt Kromo. „Und da unten fließt die Wohra.“

Es geht wieder stramm bergauf, doch das ist nicht das einzige Problem: Die Waldwege ver-

Wanderer Henschel betrachtet im Kloster Haina die Abbildung des Wanderers Goethe in der Campagna

Ausgehängt: Kuh wirbt für ein Produkt nach regionalem Rezept

Unterstand und Rastplatz: Das Kuckuckshäuschen am Gänseberg

laufen gänzlich anders, als sie es der Karte gemäß tun müßten, und wir können unseren Standort nicht mehr feststellen. Ob wir irgendwo falsch abgebogen sind?

Unser Tagesziel ist der nordöstlich gelegene Luftkurort Bergfreiheit. Kromo studiert seinen Kompaß, aber der verleitet uns auf einen Weg, der sich als Abweg erweist, weil er ausschließlich Rechtskurven hat und uns zurück nach Haina zu bringen scheint.

Nach längerem Herumirren stoßen wir auf eine Straße, die nach Battenhausen führt.

„Dann nehmen wir doch die und machen von Battenhausen über Armsfeld nach Bergfreiheit rüber", sagt Kromo. „Dann kann uns nichts mehr passieren."

Das Wirtshaus, das wir in Battenhausen ansteuern, hat leider seinen Ruhetag. Mit der Gastronomie haben wir hier Pech und mit der Landschaft Glück: Eine stattlichere Gemarkung als diese haben wir auf der gesamten Wanderung noch nicht gesehen. Der Laubwald, die inzwischen wieder milder besonnten Wege, die grünen Wiesen und die Täler und die Höhen bilden eine Harmonie, die einem das Herz im Leibe lachen läßt.

530 Meter hoch ragt zu unserer Rechten der Pickelberg auf, mit reichem Baumbestand, und unten vor uns ruht das traumhaft schöne Armsfeld, ein geküßtes Dorf mit gemütvollen roten Hausdächern in einem Tal zwischen Getreidefeldern und Buchenwäldern. Doch was ist schon so idyllisch, wie es scheint oder wie man es sich ausmalt?

Eine Sitzecke lädt zum Verweilen, doch die Wanderer ziehen lieber weiter

Auch die vermeintlich so edlen, reinen und treuherzigen Brüder Grimm suchten manchmal Streit und zettelten Intrigen an. In den *Heidelbergischen Jahrbüchern* bescheinigte Wilhelm Grimm 1807 dem Germanisten Friedrich Heinrich von der Hagen, daß er in seiner neuhochdeutschen Übersetzung des Nibelungenliedes „alle feinen Töne vernichtet" habe: „Es ist eine Modernisierung, die schlechter ist als das Original, und doch nicht modern." Das sorgte für böses Blut. „Ein gewisser Grimm, ich glaube zu Kassel, hat kürzlich in den Heidelberger Jahrb. angefangen meine Nibelungen sehr schnöde anzulassen", schrieb von der Hagen daraufhin an den Historiker Johannes von Müller, „ich werde ihm gelegentlich das Maul stopfen." Es entspann sich eine über viele Jahre ausgetragene öffentliche Fehde, die in der Gelehrtenwelt aufmerksam verfolgt wurde. Und die Sympathien lagen keineswegs immer auf seiten der Brüder Grimm. In einem Brief an seinen Bruder August Wilhelm lobte Friedrich Schlegel im November 1810 von der Hagen und fuhr fort: „Dagegen scheinen mir die beiden Grimm sammt ihrem Grimm ziemlich unwissende (wenigstens in dem Allgemeinen und Geschichtlichen) und besonders sehr rohe Teppen zu seyn."

In solchen Kontroversen wurde oft ein rauher Ton angeschlagen. 1813 verwahrte sich der

Historiker Friedrich Rühs öffentlich gegen „die Herren Gebrüder *Grimm*, bekannt durch ganz erbärmliche Uebersetzungen aus dem Dänischen, eine elende Märchensammlung und besonders eine Menge schlechter Rezensionen". Daraus erwuchs eine weitere Feindschaft. „Rühs Schrift gegen uns habe ich erhalten, sie ist von unglaublicher Niederträchtigkeit und Schändlichkeit", schrieb Wilhelm an Jacob, der seinerseits auch nicht um starke Worte verlegen war. In einem Brief an Karl Lachmann charakterisierte er den Sprachwissenschaftler Johann Gottlieb Radlof im August 1820 als einen „von den wenigen persönlich widerlichen Menschen, die mir je vorgekommen sind", und den Altertumsforscher Martin Friedrich Arendt als „den lumpigsten, unverschämtesten Menschen, der mir zeitlebens vorgekommen ist". Der Literaturhistoriker Franz Christoph Horn wiederum sei ihm, wie Jacob Grimm im November 1822 an Lachmann schrieb, „gerade zu der unausstehlichste Kerl, den ich weiß".

Der nicht so leicht aufbrausende Wilhelm hatte sich bereits im Mai 1811 in einem Brief an Achim von Arnim besorgt geäußert: Jacob werde „durch alles Streiten nur noch fester in seiner Meinung eingedrückt", und er werde „sich nie überzeugen, daß neben seiner Meinung noch eine andere bestehen könne". Und daran sollte sich auch nichts mehr ändern. Einen der schärfsten Ausdrücke fand Jacob Grimms Wut, als er seine Kritiker Daniel Sanders und Christian Friedrich Wurm 1854 in der Vorrede zum ersten Band des „Deutschen Wörterbuchs" ohne Namensnennung abkanzelte: „zwei spinnen sind auf die kräuter dieses wortgartens gekrochen und haben ihr gift ausgelassen. alle welt erwartet hier eine erklärung von mir, ihnen selbst würde ich nie die ehre anthun eine silbe auf die roheit ihrer anfeindung zu erwidern."

Dabei hatte es sich, wie man in einer Studie der Literaturwissenschaftlerin Doris Wagner im einzelnen nachlesen kann, um eine „durchaus berechtigte sachliche Kritik" gehandelt. Die Germanistin Ulrike Haß-Zumkehr hat die Methoden, mit denen Jacob und auch Wilhelm Grimm sich gegen ihre Gegner zur Wehr setzten, knapp zusammengefaßt: „Ließ sich die öffentliche Thematisierung nicht verhindern, kam die nächste kommunikative Strategie zum Einsatz. Sie bestand in der Verweigerung der wissenschaftlichen und sachbezogenen Auseinandersetzung zugunsten mehr oder weniger polemischer Gegenangriffe. Wurde eine Reaktion unumgänglich, beauftragten Jacob und Wilhelm Grimm nach Möglichkeit befreundete Wissenschaftler mit Verteidigung und – besser noch – Gegenangriff."

Dafür gibt es einige bedrückende Beweise. Hier nur ein Beispiel: Sanders arbeitete an einem eigenen Wörterbuch der deutschen Sprache, was Jacob Grimm verstimmte. „Neulich wurde mir versichert, der Sanders sei ein *jude*, sodasz er also ein jüdischdeutsches wb. unternommen hat, was manches in seiner art und

Wellness-Warnung am Kneipp-Becken von Battenhausen

Die Felder sind abgeerntet, die Strohballen liegen zugedeckt am Wegesrand

Vorbei an der Kirche von Battenhausen, dem höchstgelegenen Ort des Kellerwaldes

Am Ende eines Wandertages: Der Mühlteich hinterm Hotel Hardtmühle ist ein guter Ruheplatz

weise erklärt", schrieb er Mitte 1859 in einem nicht genauer datierten Brief an den Verleger Salomon Hirzel, und er bat seinen Mitarbeiter Karl Weigand darum, Sanders „scharf abzufertigen". Das geschah im Mai 1861 in einem Beitrag für das *Literarische Centralblatt.* Im Vergleich zu Jacob Grimm, „zu dem wahre Forscher stets mit Ehrfurcht aufblicken werden und dessen Name nur mit der deutschen Sprache selbst verklingen kann", sei Sanders „von so unwürdigem Betragen, daß man mit Recht zweifeln muß, ob in den Adern des in seinem Tadel wahrhaft Unermüdlichen auch nur ein Tropfen deutschen Blutes fließe", schrieb Weigand. Ohne es aussprechen zu müssen, gab er den Lesern damit zu verstehen, daß Sanders ein Jude sei und deswegen eigentlich gar kein Mitspracherecht habe. In einem Brief an Jacob Grimm erläuterte Weigand im Juli 1861 seine Wortwahl: Ausdrücklich habe er Sanders „als juden nicht bezeichnen" wollen, „weil sonst der lange schwarm der jüdischen literaten geschrien haben würde". Es werde „sich indessen noch gelegenheit bieten, ihm den juden aufzurücken".

So ruppig ging es hinter den Kulissen zu. Das Bild, das die Schriftstellerin Ruth Michaelis-Jena 1979 in ihrer Biographie der Brüder Grimm entwarf, war stark geschönt: „Durch alle Wandlungen blieben Jacob und Wilhelm sich selbst treu; liebreich, einfach in ihren Ansprüchen, unerschütterliche Patrioten, von äußerster Lauterkeit und aufrichtiger Hingabe an ihre Arbeit."

Von dieser simplen Sicht der Dinge war der Germanist Rainer Gruenter schon 1963 abgerückt, als er in der *Frankfurter Allgemeinen Zeitung* anläßlich des 100. Todestages Jacob Grimms den „Anhauch jener Egozentrik" kritisiert hatte, „die im idyllischen Bild des Gelehrten immer so leicht übersehen oder verziehen wird". Im Blick auf Jacob Grimms „Schärfe der Auseinandersetzung" sprach 1999 dann auch der Kulturhistoriker Lothar Bluhm von „einer oft überzogenen, gelegentlich ins Persönliche hinüberspielenden Polemik" und bescheinigte ihm „eine eigene, um es vorsichtig zu formulieren: problematische Charakterlichkeit".

„In einem so kleinen Dörfchen würde ich ja nicht wohnen wollen", sagt Kromo, „aber dieses Armsfeld ist wirklich gebenedeit ..."

Doch auch hier haben sich Dramen zugetragen. „Selbstmord zu Armsfeld", meldete die *Waldeckische gemeinnützige Zeitschrift* 1837 und berichtete, daß der Förstergehilfe Johannes Bohne sich am 1. August des Jahres erhängt habe. „Er hatte mehrere Personen auf Forstvergehungen entdeckt und seine Rügengebühren von ihnen eingezogen, ohne sie vor Amt anzuzeigen, andere unschuldige Personen dagegen eingerügt." Die Sache sei dann ans Licht gekommen und Bohne entlassen worden: „Dieses zog er sich zu Gemüthe, sein guter Name war verloren, er mußte mit Frau und Kindern einer sorgenvollen und vielleicht brodlosen Zukunft entgegensehen – und der verzweiflungsvolle Entschluß, sein Leben gewaltsam zu enden, kam schnell zur Reife."

Vielleicht hatte Bohne ja auch nur befürchtet, daß die Reporter der *Waldeckischen gemeinnützigen Zeitschrift* seine Taten an die große Glocke hängen könnten?

Mein innerer Schweinehund gibt mir den Rat, in Armsfeld den Busfahrplan zu konsultieren, und siehe da: Um 17.10 Uhr, also in fünf Minuten, fährt ein Bus von Armsfeld über Fischbach zum vier Kilometer entfernten Dorf Bergfreiheit. Und den nehmen wir.

„Das brauchst du ja nicht aufzuschreiben", sagt Kromo, während wir lustig mit dem Bus dahindüsen. „Laß die Leser mal ruhig denken, daß wir uns bis zum letzten aufgeopfert hätten ..."

1994 stellte der Heimatforscher Eckhard Sander die These auf, Schneewittchen sei identisch mit der schönen, auf Schloß Altwildungen in Hessen geborenen, ihrer Stiefmutter verhaßten und möglicherweise einem Giftmord zum Opfer gefallenen Grafentochter Margarethe von Waldeck (1533–1554), und die sieben Zwerge würden aus dem Dorf Bergfreiheit stammen, in dessen Bergwerken früher Kinderarbeit üblich gewesen sei. Diese Annahme bildet die Basis für die Selbstvermarktung des Ortes als „Schneewittchendorf" mit einem „Schneewittchenhaus", neben dem auch eine Edelsteinschleiferei und eine „7-Zwerge-Geschenkestube" am Geschäftsleben teilnehmen. Zum Preis von jeweils sieben Euro pro 0,75-l-Flasche kann man hier einen trockenen „Zwergenwein" und den lieblichen „Bergfreiheiter Schneewittchenwein" erwerben. Und wieso auch nicht? Es ist dem Dorf zu gönnen, daß es mit dem Mythos von Schneewittchen Touristen anlockt und umgarnt. So wie uns.

Wir gehen im Hotel Hardtmühle vor Anker, und sehen von der Restaurantterrasse aus den Schwalben zu, die über einem See auf Insektenjagd sind, und freuen uns auf Pfifferlinge und Kroketten. Es war ein guter Wandertag. Sehlen, Armsfeld, Bergfreiheit und den Kellerwald im allgemeinen können wir anderen Wanderern nur weiterempfehlen.

Unterkunft für diese Nacht: Das Hotel Hardtmühle

Marketing fürs Schneewittchendorf: Den sieben Zwergen ist das Denkmal aus Gips auf einer Wiese in Bergfreiheit gewidmet

144 Die Hochzeitskutsche (Schloß Philippsruhe)

Der Blumen-Bulli (Kassel)

 Der Friseursalon (Rothenbergen)

Die Metzgerei (Steinau)

 Der Apfelbaum (Leidenhofen)

Bitte Tor schließen
GARTEN EDEN 7
Kein Feuer, keine Kohle, kann brennen so heiß, als
Heimliche Liebe
von der niemand nichts weiß
D
E
F
G
H
Garten Eden
2002
Fatima Grotte
sept. 2010

Heaven
Brautstudio

 Der Treppenspruch (Kassel)

Die Treppenkuh (Aufenau)

 Der Parkplatz (Baunatal)

 Der Weltkrieger (Laubach)

15

ZWÖLFTER TAG: SO GEHT'S IN DER WELT

Es werden 29 Grad vorausgesagt. Und eine abendliche Gewitterfront. Wir können beides nicht gebrauchen, doch uns fragt natürlich keiner.

Rund fünf Kilometer sind es auf dem Hessischen Radfernweg R 5 von Bergfreiheit bis zum Etappenziel Odershausen. Und wieder schließt sich hinter uns der Kellerwald.

„Hier laufen wir über Gestein aus dem Paläozoikum und über vierhundert Millionen Jahre alte Fossilien aus dem devonischen Meer", sagte Kromo. „Tritt also bitte etwas respektvoll auf ..."

Das Alter der hohen Eichen und Buchen, die in diesem Wald schon gewachsen sein mochten, als die Brüder Grimm ihre Märchen sammelten, ist dagegen nur ein Klacks.

Bergfreiheit: Wo das Schneewittchendorf ist, sind die sieben Zwerge nicht weit

Rechterhand liegt laut Karte ein Dorf namens Braunau. An dessen Stelle hätte ich mich spätestens im Sommer 1945 umbenannt. Woanders ging das ja auch: Aus Chemnitz wurde Karl-Marx-Stadt und dann wieder Chemnitz und aus Sankt Petersburg erst Petrograd, dann Leningrad und schließlich wieder Sankt Petersburg. Und der Verwaltungsaufwand für die Namensänderungen war in diesen beiden Fällen gewiß höher, als er es in Braunau gewesen wäre ...

Aber da fährt Kromo mir in die Parade: „Mach mir mein schönes Braunau nicht schlecht! Wie hätte sich das denn deiner Ansicht nach nennen sollen? Etwa Karl-Marx-Dorf? Oder Leninowsk? Geh doch nach drüben, wenn's dir hier nicht paßt!"

Wir wandern auf Odershausen zu, wo es nach Informationen des hessischen Sagensammlers Louis Curtze auch schon zu Mord und Totschlag gekommen sein soll. In sein Buch „Volksüberlieferungen aus dem Fürstenthum Waldeck" nahm er 1860 die Meldung auf: „Die Vorfahren haben immer gesagt, daß in den Entenpfühlen zu Odershausen ein Adeliger gewohnt hat. Dieser hat das Recht gehabt, zu Odershausen in die Kirche zu gehen. Der Pfarrer durfte nicht früher anfangen, als bis der Adelige da war. Einmal aber blieb er zu lange, da fing der Pfarrer die Kirche an. Als nun der Adelige kam, stach er den Pastor vor dem Altare todt. Man sieht noch jetzt das Blut an der Wand."

Diesem Kriminalfall gehen wir aber nicht nach. Es ist zu unwahrscheinlich, daß das Blut noch immer an der Odershäuser Kirchenwand klebt, und selbst wenn es so wäre, könnten wir als Profiler nicht viel ausrichten.

„Was soll das denn für ein komischer Adliger gewesen sein, der in den Entenpfühlen gewohnt hat?" fragt Kromo mich.

„Vielleicht ein Junker aus dem verarmten Landadel ..."

In Odershausen geht Kromo beim Fotografieren der Häuser wieder das Risiko ein, mit der Vorhut einer rumänischen Einbrecherbande verwechselt zu werden. Ich bin auf eine leichte Distanz zwischen uns bedacht, damit mich niemand mit ihm in Verbindung bringt. Doch diesmal geht alles gut, obwohl er sich nicht die geringste Mühe gibt, etwas unrumänischer zu wirken.

Hier verläuft der „Lulluspfad", benannt nach dem 786 verstorbenen Mainzer Erzbischof Lullus, dem der Historiker Paul Alberdingk Thijm 1867 „Ehrgeiz" und eine „heftige Gemüthsart" nachsagte. Dagegen erhob der Archivar Cornelius Will zehn Jahre später in einem postum herausgegebenen Werk des Historikers Johann Friedrich Böhmer Einspruch: Diese Einschätzung des Charakters von Lullus sei „ungerechtfertigt".

Erlaubt es die Quellenlage denn überhaupt, mehr als eintausend Jahre nach dem Tod eines Menschen solche Urteile zu fällen?

„Mich würde es eher interessieren, ob der Pfad hier in eintausend Jahren immer noch Lulluspfad oder bereits Henschel-Kromo-Pfad heißen wird", sagt Kromo und fragt eine ältere Dame, die ein Hündchen Gassi führt: „Was ist das für 'ne Rasse?"

„Das ist Mischmasch", sagt sie. „Angeblich Spitz und Dackel. Ich laß sie immer scheren, sonst sähe sie aus wie 'n Spitz!"

In Bad Wildungen möchte ich mir die Villa Helene ansehen, Hufelandstraße 7, wo meine Mutter vom Februar 1941 bis zum Juli 1942 wohnte, als eines von vielen Kindern, die im Zweiten Weltkrieg in Gegenden verbracht worden waren, in denen weniger Bomben fielen als in ihrer Heimat. „Kinderlandverschickung" nannte sich das Projekt. Auf einem Foto der „Lagermädelschaft" der Villa Helene aus dem Jahr 1941 ist auch meine Mutter zu sehen, im Alter von elf Jahren. Ein anderes zeigt sie im Kurpark von Bad Wildungen bei dem einzigen Besuch ihrer Mutter und der jüngsten Schwester.

Wir studieren einen am Wegrand stehenden Stadtplan. Darauf sieht es so aus, als wäre es von der Odershäuser Straße, auf der wir uns befinden, nur ein Katzensprung bis zur Hufelandstraße, aber es liegen mehrere tiefe Täler dazwischen, und die Sonne knallt nun wieder mit einer Brutalität herab, die nur Wüstenskorpione klaglos ertragen könnten.

Endlich stehen wir vor der Villa Helene. Sie ist jetzt ein Mietshaus, und der Garten dahinter, von dem meine Mutter in ihren Briefen berichtet hat, ist verschwunden und bebaut.

Aus der 1996 von Martha Schlegel herausgegebenen Dokumentensammlung „Von der Nordseeküste in die Kinderlandverschickung" geht hervor, wie die aus dem Jeverland und Wilhelmshaven verschickten Kinder in Bad Wildungen untergebracht wurden: „Es waren noch Betten aufzustellen, Wasserleitungen waren eingefroren, geplatzt oder abgestellt. Überschwemmungen traten auf. Für 150 Kinder waren nur 5 Toiletten vorhanden, von denen mehrere unbrauchbar oder wegen Überbeanspruchung verstopft waren." Außerdem habe es an Betten, Wolldecken, Bettzeug, Geschirr, Kochtöpfen, Schränken und Stühlen gefehlt. „Bei Tisch saßen die Mädel auf ihren Koffern." Von der Nationalsozialistischen Volkswohlfahrt, der Hitlerjugend und der Stadt Wilhelmshaven habe der Lagerleiter deshalb zweihundert Decken und einhundert Schlafsäcke angefordert, doch von einem Oberbannführer sei ihm der Bescheid zuteil geworden: „Sie sind hier angekommen wie die Plutokraten und dachten, sich in die fertigen Hotelbetten legen zu können."

Davon klingt in den Briefen meiner Mutter aus Bad Wildungen nichts an. In der Vorweih-

Spurensuche: Henschel in Bad Wildungen vor der „Villa Helene", in der seine Mutter als Schulmädchen während der Kriegsjahre einquartiert war

Aus dem Familienalbum: Gerhard Henschels Mutter (hintere Reihe: X) mit der Kinderlandverschickung 1941 in Bad Wildungen

Die Herren lassen es sich schmecken: Für den einen ein „Schneewittchenbecher" (links), für den anderen ein Spaghetti-Eis

Noch'n Eisbecher: Diesmal in Plastik als unübersehbares Lockmittel am Stadtrand von Fritzlar

nachtszeit 1941 schrieb sie ihren Eltern: „Das Schlittenfahren geht hier fabelhaft, einfach die Hufelandstraße vom Parkhotel bis zur Villa Frieda hinunterfahren, aber mit Schwung! Ordentlich saftig den steilen Gang auf der Wiese hinunter, da ist alles dran!" In diesem Brief steht auch, daß meine Mutter hier bei einem Kostümfest im Advent die zwölfte von dreizehn Feen gespielt habe.

Das war einen Monat vor der Wannseekonferenz. Die jüdischen Einwohner Bad Wildungens waren damals alle schon verschleppt oder vertrieben worden.

Auf der Terrasse eines Eiscafés in der hochgelegenen Altstadt von Bad Wildungen wähle ich den „Schneewittchenbecher" (Milcheis, Sahne, Schokosoße, Baiser und Krokantstreusel), während Kromo sich für ein Spaghetti-Eis entscheidet.

Es amüsiert ihn immer, wenn ich ihm berichte, von wem und wie die Brüder Grimm eins auf den Deckel bekommen hätten, und mit drei, vier Zitaten kann ich ihm noch dienen. Im Januar 1813 stellte der Verleger Julius Eduard Hitzig in einem Brief an Friedrich von der Hagen kurzerhand fest: „Die Grimms sind grimmige, daher fletschende Bestien." Und auch ihre Bücher stießen auf Kritik. „Ein ungeheurer Karren voll unnützen Schuttes und Steinbrocken, zusammengekehrt, der Himmel weiß warum", urteilte der Publizist Garlieb Merkel 1816 über den ersten Band der „Deutschen Sagen", und in einem Brief an seinen Kollegen Moriz Haupt lästerte der Philologe Karl Lachmann im Dezember 1848 über Jacob Grimms „Geschichte der deutschen Sprache": „Grimms Buch habe ich mit der grösten Mühe hinunter gewürgt." Und im Dezember 1864 schrieb der Germanist Karl Müllenhoff an seinen Kollegen Wilhelm Scherer, daß Jacob Grimm „in eine ganz sinnlose Sammelwuth" geraten sei: „Es ist unglaublich was für dummes Zeug er gesammelt und sich notiert hat."

Den meisten Zeitgenossen war Wilhelm Grimm sympathischer als Jacob. „So angenehm Wilhelm Grimm auf mich wirkte, so abstoßend war mir Jacob Grimm", schrieb der österreichische Schriftsteller Emil Kuh nach einem Besuch bei den Brüdern in Berlin im Dezember 1857 an Friedrich Hebbel. „Der stiere Blick, der stets bloß das Weiße des Auges und spärlich die Pupille blicken läßt, dann seine Schwerhörigkeit vermehrten das Unbehagen." Jacob Grimm trat, so heißt es in dem Brief weiter, „während ich noch in der Thüre war, buchstäblich, wie ein aus der Ruhe gestört gewesener Biber, in seine viereckige Bücher-Wohnung zurück und ich dankte dem Himmel, daß ich die Begegnung hinter mir hatte".

„Mir scheint ja, daß er eher ein Kauz war als ein Biber", sagt Kromo. „Und jetzt? Wollen wir uns noch den berühmten Wildunger Altar in der Stadtkirche ansehen? Wo wir schon mal hier sind?"

Nein, lieber nicht. Ich habe mich einmal in den Uffizien an Kreuzigungsszenen sattgesehen, und die reichen für ein ganzes Leben.

Am 1. September werden beim Stadtfest in Bad Wildungen „Mike der Bademeister und die Spaßrebellen" auftreten, wie uns ein Plakat in der Fußgängerzone verrät. Ob das eine gute oder eine schlechte Nachricht ist, wissen wir nicht, und wir haben auch nicht die Absicht, es herauszufinden.

Als wir neben dem Bach Wilde auf dem Weg zu dem Dorf Wega sind, holt die Sonne zu ihrem nachmittäglichen Keulenschlag aus. Da klappt man besser den Hemdkragen hoch, um Verbrennungen im Nacken zu vermeiden.

Eine Erhebung zu unserer Linken heißt Hexenschanze. Woher mag der Name stammen? Der Historiker Gerhard Schormann hat ein 1630 in Wildungen gefälltes Gerichtsurteil zitiert, in dem es heißt, daß „das Laster der Hexerey nunmehr gantz uberhand genommen“ habe, und mit den sogenannten Hexen wurde hier sicherlich ein kurzer Prozeß gemacht, aber was hat die Hexenschanze damit zu tun?

Schade, daß wir keinen Fremdenführer zur Seite haben, der uns das erklären könnte.

Auf dem unversperrten Gelände der Firma Krausz Logistik in Wega steht ein Doppeldekker. Den läßt Kromo sich nicht entgehen. Er fotografiert ihn von allen Seiten, und ich notiere mir, daß außen am Cockpit „Richthofen Geschwader“ steht. Ein Name, der auf den im Ersten Weltkrieg abgeschossenen Jagdflieger Manfred von Richthofen zurückgeht.

Ein Mann meldet sich mit lautstarker Stimme und will wissen, was wir hier zu suchen hätten. Ob es der Firmeninhaber ist?

Wir stellen uns vor, und er informiert uns im Fortissimo darüber, daß er den Doppeldecker, eine „Antonow 2“, aus Moskau nach Wega geholt habe. „Von diesem Modell gibt’s nur noch vier Stück auf der Welt!“

Es bleibt im Dunkeln, weshalb er sich diese Mühe gemacht hat, denn er ist ein Schreihals, und wir wollen ihn nicht näher befragen.

Kromo lotst auf der anderen Straßenseite eine Gruppe von Radlerinnen für ein Foto ins Sonnenlicht. Die Damen wissen offensichtlich nicht so recht, wie ihnen geschieht, aber Kromos Anweisungen folgen sie so brav wie eine Lämmerherde.

„Und tschüß!“ ruft er dann. „Gute Fahrt!“

Am Ufer der Eder machen wir uns auf den Weg nach Mandern. Es ist eine vegetationsarme Durststrecke, doch an einem See finden wir etwas Schatten und rasten.

Im Hintergrund dröhnt die B 253, zwei Schwäne gleiten vorüber, und in mittlerer Höhe kreist ein Raubvogel. Hat er uns auf dem Kieker?

Irgendwo in diesem Bereich kämpften laut Tacitus im Jahre 15 n. Chr. die Truppen des römischen Feldherrn Germanicus mit den Chatten und bereiteten ihnen eine schwere Niederlage. Die Wehrunfähigen seien „sogleich gefangen oder niedergemacht“ worden, und auch den Kriegern sei kein Glück beschieden gewesen: „Die junge Mannschaft war über die Adrana (die heutige Eder) geschwommen und versuchte, den Bau einer Brücke, den die Römer begannen, zu verhindern. Durch Geschütze und Pfeilschuß zurückgetrieben, machten sie vergebliche Versuche, Friedensverhandlungen anzuknüpfen. Als einige zu Germanicus übergelaufen waren, ließen die übrigen ihre Gaue und Dörfer im Stich und zerstreuten sich in die Wälder.“

„Und du?“ frage ich Kromo. „Wärst du auch übergelaufen?“

„Worauf du dich verlassen kannst“, sagt er und schnickt einen Pflaumenkern in die Büsche. „Du weißt doch, was Russell Crowe in dem Film ‚Gladiator‘ gesagt hat: ‚Ich habe viel von der Welt gesehen. Sie ist brutal und grausam und finster. Rom ist das Licht!‘“

Das Ederwehr in den Ederauen ist mit einer Fischtreppe für Lachse und Aale ausgestattet, doch es lassen sich gerade keine blicken. Dafür aber viele, viele elektromotorisierte Radfahrer, ein schöner Obsthain und ein Werk des Künstlers Dieter Utermöhlen: Es heißt „Fragmente“ und besteht aus drei Eichenstelen mit implantierten Steinscherben aus historischen Bauten Fritzlars und der alten Befestigungsmauer der Stadt. Und das ist fraglos – wie Harry Rowohlt einmal aus einem ähnlichen Anlaß bemerkt hat – „so beziehungsreich, daß man sich nur noch beklommen am Bein kratzt“.

Ein Russe mitten im Dorf: Die „Antonow 2“ von Wega

Erfrischung an der Strecke? Weiter geht's, leider ist das Etappenziel noch weit

In der Nacht auf den 17. Mai 1943 bombardierte die britische Luftwaffe zwanzig Kilometer nordwestlich von hier die Edertalsperre. 160 Millionen Kubikmeter Wasser stürzten aus dem Speicher und überfluteten das Land bis Kassel. In derselben Nacht wurde die Möhnetalsperre im Kreis Soest zerstört, was noch dramatischere Folgen hatte, und zwei Tage später verbreitete der *Völkische Beobachter* die Meldung, daß der Plan für die Angriffe von der „Anstiftung eines jüdischen Mordbuben" ausgegangen sei: „Wir sind weit davon entfernt, uns hierüber zu wundern. Wir fragen uns nur, woher das Weltjudentum und seine plutokratischen Trabanten den traurigen Mut nehmen, über sogenannte Judenverfolgungen in Deutschland zu zetern und gegen uns in der Rolle des Anklägers aufzutreten." Im Konzentrationslager Auschwitz wurden an diesem Tag mehr als 800 Juden vergast.

Mittelalterliche Kulisse: Marktplatz von Fritzlar mit Rolandsbrunnen und Fachwerkgiebeln

Kromo hat sein nächstes Fotomotiv gefunden: die Fischzuchtanlage Rameil. Im Frühjahr war sie eingebunden in die „Aktion Heimatfisch", bei der sieben Restaurants regionale Fischspezialitäten servierten – eine Initiative der „GrimmHeimat NordHessen" von der Kasseler Regionalmanagement Nordhessen GmbH.

„Aus dem Namen Grimm holen die hier aber auch alles raus, was nur irgend geht", sagt Kromo. „Wenn die Brüder Grimm noch am Leben wären, könnten sie jeden Tag hundert Werbeverträge abschließen ..."

Aber hätten sie das auch gewollt? Den größten Teil ihres Lebens verbrachten sie eingesponnen in ihre Buchstabenwelt, und die Ideale, denen sie anhingen, wären weder mit dem modernen Marketing im besonderen noch mit dem Hedonismus der westlichen Gesellschaften im allgemeinen zu vereinbaren gewesen. Selbst ihre Märchen unterzogen die Brüder Grimm nach und nach „einem entsexualisierenden Purifizierungsprozeß" (Lutz Röhrich).

Dabei ließen sie ihre persönlichen Moralvorstellungen in die Märchen einfließen, wovon man sich in Ruth B. Bottigheimers Studie „Grimm's Bad Girls & Bold Boys" überzeugen kann. Und erst lange nach dem Tod der Brüder nahm man daran Anstoß. Auf diesen Punkt hat Heinz Rölleke 1998 hingewiesen: „Warf die frühe Kritik den Brüdern einhellig vor, sie hätten ihre Texte zu wenig überarbeitet, so wandelte sich die Kritik im 20. Jahrhundert ins genaue Gegenteil: Den Grimms wurden ungerechtfertigte Eingriffe in die ihnen zugekommenen ‚volksläufigen' Texte vorgeworfen bis hin zur Etikettierung, hier seien böswillige Fälscher am Werk gewesen."

Tatsächlich zog der Literaturwissenschaftler John M. Ellis nach einer Analyse der Bearbeitung der Märchenquellen durch die Brüder Grimm 1983 den Schluß, daß sie Betrüger und Fälscher seien: Ihre Behauptung, in den Märchen liege „lauter urdeutscher Mythus" und sie hätten gewissenhaft deren Reinheit bewahrt, lasse sich nicht halten. Dem widersprach Ellis' Kollege Jack Zipes 1985 entschieden, was die angeblich bösen Absichten der Brüder betraf, und der Germanist Gonthier-Louis Fink billigte ihnen 1992 zu, „daß sie im Grunde nur Restaurierungsarbeiten zu unternehmen glaubten".

Ein gewichtiges Wort in dieser Sache hatte der Philologe Wilhelm Scherer schon 1879 gesprochen: „Warum soll aber bei volksthümlichen Prosaerzählungen, die jedem gehören, der gebildete Schriftsteller auf ein Recht verzichten, das er dem zufälligen letzten ungebildeten Erzähler, seiner Quelle, nothwendig einräumen muß, weil er ihn selten controliren kann: das Recht, von seinem Eignen hinzuzuthun?"

Es hätte jedenfalls keine besseren Bearbeiter der Märchen geben können als die Brüder Grimm. Sie besaßen das Talent, aus Stroh erzählerisches Gold zu spinnen, und ihre Behandlung des gesammelten Quellenmaterials zeigte „weniger philologische Treue in selbstverleugnerischer Absicht als vornehmlich poetisch interessiertes Durchdringungsbestreben". So hat es der Märchenforscher Kurt Schmidt 1931 formuliert. Das größere Verdienst gebührt dabei Wilhelm Grimm. „Der traulich-sehnsuchtsvolle Ton, den Generationen von Lesern als Märchenton schlechthin im Ohr haben, ist Wilhelms entscheidender Beitrag", schrieb die Germanistin Irma Hildebrandt 1984, und schöner kann man es nicht ausdrücken.

Oder vielleicht doch? „In einem Bild: Hätte Wilhelm Grimm der struppigen Volkspoesie nicht schlichte, aber eben angenehm wirkende Zöpfe geflochten, dann hätte sich noch auf Jahrzehnte hin kein Mensch um diese Schätze der Volksliteratur gekümmert" (Heinz Rölleke).

Der Rückenwind, der uns nach Fritzlar folgt, fühlt sich leicht vorgewittrig an, was uns aber nicht stört. Wir wähnen uns schon fast am Ziel, denn wir haben bereits die Türme des Fritzlarer Doms vor Augen, und nicht weit dahinter wartet im Hotel Zur Spitze unser Gepäck auf uns.

Als Ortsunkundige begreifen wir erst recht spät, daß der Dom auf einem hohen Berg steht und daß alle Wege zu unserem Hotel steil aufspringen. Wir müssen uns also noch einmal anstrengen, bevor wir einchecken können.

Belohnt werden wir dafür auf dem Marktplatz in der Altstadt mit der Sicht auf ein imponierendes Ensemble mittelalterlicher Fachwerkhäuser. Manche haben etwas Schlagseite, und es scheint so, als ob in jedem von ihnen Jorinde und Joringel wohnen könnten. Oder Schneeweißchen und Rosenrot. Wer der Atmosphäre nachspüren möchte, aus der Grimms Märchen stammen, der sollte nach Fritzlar reisen.

Das große Gewitter bleibt aus. Es fallen nur ein paar Regentropfen, während Kromo und ich unter einem Schirm vor dem Café Hahn zu Abend essen.

Der Wirt, dem wir mitgeteilt haben, daß wir auf den Spuren der Brüder Grimm unterwegs seien, präsentiert uns den Bildband „Die fantastische Welt der Brüder Grimm" von Gerald Axelrod. Als ich darin blättere, fällt mir eine Bemerkung über Hans Traxlers Buch „Die Wahrheit über Hänsel und Gretel" auf. Es biete, so steht es da, „eine originelle Spurensuche nach den Ursprüngen des Märchens".

Sie leben noch heute, die Leute, die auf Traxlers Satire hereinfallen.

„Siehst du", sagt Kromo, „so geht's in der Welt."

Antiquität: Das Rathaus von Fritzlar ist das älteste in Deutschland (Baujahr 1109) und wird bis heute als Amtsgebäude genutzt

DREIZEHNTER TAG: DIE BLUTSPUR DES LAUTARIUS

Vor dem Rathaus von Fritzlar steht die Nachbildung eines „Schandsteins“ mit Handschellen und Halsketten und vor dem Dom eine Bronzeplastik des heiligen Bonifatius, der im Jahre 723 die dem germanischen Gewittergott Donar geweihte Donareiche gefällt haben soll, um aus ihrem Holz eine Kirche bauen zu lassen – der Sage nach an jener Stelle, wo sich heute der Fritzlarer Dom erhebt. Die Skulptur zeigt Bonifatius auf dem Stumpf der Eiche stehend, mit einer Axt in der Hand, sehr zum Unmut von Naturreligionsanhängern, die hier bereits ihren Protest kundgetan haben.

„Geht's nicht auch mal ganz ohne Religion?“ fragt Kromo.

Etwas knifflig gestaltet sich die Suche nach dem richtigen Weg zum Tunnel unter der A 49. Im Gewerbegebiet treffen wir dabei auf eine Tongrube und ein Lokal namens Tongrubenschänke, das seine besten Zeiten hinter sich zu haben scheint. Auf mich macht es den Eindruck, als wäre dort zuletzt in der Glanzzeit des Punkrock die Post abgegangen.

Wir sind hier in der Westhessischen Senke, wie ich von Kromo erfahre. „Und die ist bekannt für ihre Tonvorkommen ...“

Windig ist es, kühl und trocken, und als die Autobahn hinter uns liegt, gehen wir den Berg hinauf nach Obermöllrich, einem Dorf, zu dem einst das Rittergut eines Oberst Karl von Baumbach gehörte, wo Wilhelm Grimm zwischen 1826 und 1828 mehrmals zu Besuch war. Aber wo sich dieses Rittergut befindet oder befunden hat, ist uns leider unbekannt.

Etwas schläfrig sieht es an diesem Donnerstagmorgen aus, das Dorf, was daran liegen mag, daß die berufstätigen Einwohner bereits nach Fritzlar oder Kassel gependelt sind. Es ist niemand auf den Straßen, den wir in ein Gespräch ziehen könnten.

In seinem Buch über die Fritzlarer Juden ist der Pfarrer Paulgerhard Lohmann 2014 auf den Mißerfolg des Antrags eingegangen, hier eine Tafel zum Gedenken an sieben aus Obermöllrich stammende Juden anzubringen, die im Holocaust umgekommen waren: „Leider hat der Ortsbeirat abgelehnt, eine solche Gedenktafel anbringen zu lassen, weil seit 1939 keine Juden mehr in Obermöllrich lebten.“

Ein perfides Argument. Die Juden, die bis 1939 noch in Deutschland lebten, waren gut beraten, wenn sie die Provinz verließen und in Großstädten Zuflucht suchten, wo sie im Alltagsleben weniger auffielen. Lohmann hat in seinem Buch nicht mitgeteilt, in welchem Jahr der Antrag abgelehnt worden ist, aber das ist auch unerheblich. Der Obermöllricher Ortsbeirat sollte sich schämen.

Und weiter aufwärts geht's, auf Feldwegen, zu einem Wäldchen, in dem Kromo mich auf eine

Der Missionar mit der Axt: Bonifatius-Denkmal vor dem Dom in Fritzlar

Schnur mit zwölf daran baumelnden Steinen aufmerksam macht. Auf einem Schild ist zu lesen, daß es sich um ein von Ursula Porada geschaffenes und von der Johannes Fehr GmbH gestiftetes Kunstwerk mit dem Titel „Magischer Hain“ handele. Am Wege entdecken wir dann auch noch andere Kunstwerke. Eines heißt „Sehnsucht nach Unendlichkeit“ und setzt sich aus fünf scheibenförmigen Gebilden zusammen.

„Siehste wohl, hier im Schwalm-Eder-Kreis blühen die Künste“, sagt Kromo. „Und vielleicht helfen uns diese Skulpturen dabei, unserer keltischen Urseele nachzuspüren und aus dem magischen Lößboden megalithischer Kraftorte prähistorische Energie zu schlürfen ... Aber jetzt mal was ganz anderes: Wieso heißen die Bremer Stadtmusikanten eigentlich Bremer Stadtmusikanten, obwohl sie nie in Bremen angekommen sind?“

Auch darauf gibt die Forschung eine Antwort. In seinem Buch über „Grimms Märchen im Lichte von Tiefenpsychologie und Bibel“ verwies der Psychotherapeut Arnold Bittlinger 1994 auf den Umstand, daß alle Buchstaben innerhalb des Alphabets einen bestimmten Stellenwert hätten, und führte dann aus: „Wenn wir nun den Stellenwert der Buchstaben des Wortes ‚Bremen‘ zusammenzählen, dann ergibt dies die Quersumme zwölf – und das ist natürlich eine bedeutsame Zahl. Es ist die Zahl des himmlischen Jerusalem, das auf zwölf Grundsteinen erbaut ist und zwölf Tore hat. Hinter der Stadt Bremen steht also eine andere Stadt, nämlich die Stadt, nach der wir alle unterwegs sind: die Stadt, in der es keine Räuber mehr gibt, in der reichlich für unser äußeres und inneres Wohl gesorgt ist und in der jeder nach seiner Begabung einstimmen kann in das Lied, das die Erde singt.“

„Ja, da brate mir doch einer einen Storch!“ ruft Kromo aus. „Daß ich da nicht selbst drauf gekommen bin!“

Ich versuche ihn zu trösten: „Manchmal hat man halt Tomaten auf den Augen ...“

Er verfällt in tiefes Schweigen. Und dann bricht es plötzlich aus ihm heraus – wenn man die Temperatur aller Buchstaben seines Namens in einer Vollmondnacht durch 23 teile, die Quersumme 7 davon subtrahiere und das Ergebnis in die Runenschrift übertrage, werde seine wahre Identität offenbar: „Fängt mit G an und hört mit ott auf. Geht doch. Noch Fragen?“

Fette Birnen wachsen hier. Wir tun uns daran gütlich, und dann setzen wir unsere Kapuzen auf, denn von Westen naht eine Regenfront, die es in sich hat.

In Obervorschütz, einer auch wieder sehr gefällereichen Gemeinde, kommen wir mit nassen Hosenbeinen an, die uns etwas Unseriöses verleihen, und Kromo kriegt sofort die Folgen zu spüren. Als er seine Kamera auf ein mit Palmen und einem Sonnenuntergang am Meeresstrand bemaltes Garagentor richtet, wird er von einem Passanten angeherrscht: „Wenn das mein Haus wäre, dürften Sie das nicht einfach so fotografieren!“

Kurz darauf reißt der Hausbesitzer das Fenster über der Garage auf und blafft Kromo ebenfalls an: Er hätte klingeln und ihn gefälligst um Erlaubnis bitten müssen, bevor er hier Fotos schieße ...

Ich schreibe eifrig mit.

Kromo: „Wenn Sie im Urlaub sind, fragen Sie dann auch jedesmal, bevor sie irgendwas aufnehmen?“

Hausbesitzer: „Haben Sie schon mal was von Privatsphäre gehört?“

Kromo: „Ich glaub, es hackt! Dann rufen Sie doch die Polizei!“

Es sei schon sonderbar, sagt er dann zu mir, während wir von Obervorschütz nach Gudensberg wandern. „Da malt einer sein Garagentor bunt an, um einen Blickfang daraus zu machen, aber wenn man’s fotografiert, dreht er durch!“

„Sehnsucht nach Unendlichkeit“: Eines der vielen Freiluft-Kunstwerke neben Wiesen und Feldern

Fotografieren unerwünscht: Südsee-Impression auf dem Garagentor

Müllkippe: Endlager für Altreifen, auch mitten im Habichtswald

Die Kleinstadt Gudensberg nimmt für sich in Anspruch, Ursprung und Schauplatz des Grimmschen Märchens „Der Trommler" zu sein, dessen Titelheld mit List und Geschick eine verhexte Königstochter erlöst und freit. Doch es gibt kein einziges Indiz, mit dem sich diese These erhärten ließe, und ganz ehrlich gesagt: Gudensberg sieht nicht überall so märchenhaft aus, wie die Stadtverwaltung es auf ihrer Homepage beschreibt: „In historischer Uniform läuft der Trommler seit einigen Jahren durch die romantischen Gassen am Gudensberger Schlossberg, vorbei an historischem Gemäuer und zauberhaftem Fachwerk manches Mal bis hinauf zum Gefangenenturm und den Ruinen der Obernburg."

Wir hingegen laufen auf einer unromantischen Straße namens Schwimmbadweg im Regen an unhistorischem Gemäuer und zauberlosen Vorgärten vorbei zum Supermarkt Penny, kaufen uns dort Sandwiches, Wasser und Kakao und halten eine kurze Vesper zwischen Kasse und Ausgangstür.

Er finde es übrigens ganz gut, daß die Brüder Grimm sich mit anderen Geistesgrößen ihrer Zeit auch mal in die Wolle gekriegt hätten, sagt Kromo ohne erkennbaren Anlaß. „Wäre doch schrecklich, wenn sie immer nur die lieben Märchenonkel gewesen wären, als die man sie so gern verkauft ..."

Eines der schwersten Zerwürfnisse bahnte sich an Wilhelm Grimms 58. Geburtstag an. Es war der 24. Februar 1844. Die Grimms hatten in Berlin den radikaldemokratischen Dichter Hoffmann von Fallersleben zu Gast, ein Fackelzug von Studenten jubelte Wilhelm Grimm zu, als er sich auf dem Balkon zeigte, und dann erkannten die Studenten auch Fallersleben und brachten ihm Ovationen dar, woraufhin er auf die Straße ging, um sich zu bedanken. Die Gendarmen, die den Fackelzug begleiteten, erkannten in alledem eine illegale politische Kundgebung. Und so nahmen die Dinge ihren Lauf: Fallersleben wurde ausgewiesen, und in der *Allgemeinen Preußischen Staatszeitung* distanzierten sich die Brüder Grimm von ihm: Er werde „selbst fühlen", schrieben sie, daß er „uns diesmal als ein ungelegner Gast kam und alle Freude störte". Im übrigen könnten sie im „Qualm des Parteiwesens" nicht atmen. Die Obrigkeit verfuhr bei der Ausweisung Fallerslebens nach der von Friedrich Wilhelm IV. 1840 verkündeten Devise, daß er als preußischer Herrscher „unmündige Kinder leiten" und „entartete züchtigen" wolle. Mit diesem König wollten die Brüder Grimm es sich nicht verderben.

In seinen Memoiren äußerte Fallersleben seine Enttäuschung über die Erklärung der Brüder: „Ich war sehr überrascht und schmerzlich berührt, daß mir so etwas widerfahren konnte von zwei Männern, die ich so sehr liebte und verehrte, wie ich es bei allen Gelegenheiten mündlich und schriftlich gegen sie und Andere kund gethan hatte." Die Tatsache, daß auch Fallersleben sich von den Studenten hatte feiern lassen, wertete allerdings auch sein Biograph Bernt Ture von zur Mühlen 2010 als „eine grobe Taktlosigkeit".

Anders sah es der demokratisch gesinnte Diplomat und Publizist Karl August Varnhagen von Ense. „Ein treffliches Brüderpaar, redlich, schlicht, fleißig, und genial in ihrem Beruf. Ehre dem König, der sie uns gewonnen!" hatte er im April 1841 in sein Tagebuch eingetragen, als die Brüder Grimm von Friedrich Wilhelm IV. nach Berlin geholt worden waren. Am 5. März 1844 beurteilte er ihre öffentliche Wendung gegen Fallersleben jedoch als „ein winselndes, wehmüthig=ärgerliches Gestöhn! Es sind gute ehrliche Leute, ja gewiß, aber bornirten Geistes und kleinen Gemüthes, ohne allen politischen Sinn. Sie wollen auf den Göttinger Lorbeern ruhen, und man soll sie nicht zur Unzeit aus dieser Ruhe stören; sind ordentlich stolz auf ihr Philisterthum. Arme Leute!"

Auch ihr einstiger Lobredner Karl Gutzkow nahm ihnen die Sache übel. Er schrieb zwei Spottgedichte. Das erste trug die Überschrift „Die Brüder Grimm“ und lautete: „Oefters citirten wir wohl im Buch den verbannten Professor, / Aber zu Kuchen und Thee nimmer citirten wir ihn!“ Das zweite war „Einmal ist keinmal“ überschrieben: „Pocht sie denn ewig ans Thor, die vaterländische Mahnung? / Einmal erklärten wir uns: laßt uns doch ferner in Ruh!“

Jacob Grimm reagierte freundlich, als Fallersleben später wieder den Kontakt zu ihnen suchte, aber Wilhelm blieb unversöhnlich. Im September 1852 teilte er Fallersleben bündig mit: „Von der Rümpelschen Buchhandlung ist mir in diesen Tagen das Hannöversche Namenbüchlein im Auftrag des Verfassers zugeschickt worden: ich bitte Herrn Professor Hoffmann solche Zusendungen nicht weiter zu veranlassen. Für mich ist die Erinnerung an die Vergangenheit zu herb, als daß ich in das erste ungestörte Verhältnis zurückkehren könnte.“

„Schroffer ging’s ja wohl nicht mehr“, sagt Kromo. „Hätte ich ihm gar nicht zugetraut …“

Wir fädeln uns abermals unter der Autobahn hindurch, schwenken dann für eine Weile wieder in die Deutsche Märchenstraße ein und bewegen uns zwischen Rotkohlfeldern auf einen Berg namens Kleiner Wochenkopf zu.

Kromo sagt, er habe das Gefühl, daß wir seit heute morgen wieder nur bergauf gegangen seien, und da ist was dran. Doch je höher wir hinaufgelangen, desto schöner wird der Fernblick. Oberhalb von Gudensberg ist die Ruine der Obernburg zu sehen, die oft berannt und erstürmt wurde – von Mainzern, Kroaten, Briten und Franzosen –, und links und rechts von ihr breitet sich das anmutige Bergland aus und schimmert grünlich, bläulich, gelblich und rötlich.

Wir befinden uns im Naturpark Habichtswald. Laut einem Aushang werden hier im Rahmen des Projekts „Junge Riesen“ durch Samenvermehrung Abkömmlinge alter Baumriesen herangezogen.

Ein Schild weist uns den Weg zum Lautariusgrab, einem Denkmal aus der jungsteinzeitlichen Wartberg-Kultur. „Woher übrigens der Name ‚Lautarius‘ für diesen Platz hier stammt, ist unbekannt“, steht dort. Optisch gibt die fünf mal zehn Meter große Grabstätte mit ihren moosigen Basaltsteinen nicht so viel her wie die Cheops-Pyramide, die Jerusalemer Grabeskirche oder das Lenin-Mausoleum, aber sie hat Potential: Sie wartet nur darauf, daß sich ein Autor historischer Regionalkrimis ihrer annimmt. „Tod im Habichtswald“ könnte dieser History-Thriller heißen. Oder: „Die Blutspur des Lautarius“. Unerklärlich, daß noch niemand darauf gekommen ist.

Ein anderes Schild weist wieder einmal zur angeblichen „Mitte Deutschlands“. Als Wanderer

Am Lautariusgrab: Wer scheibt den dazu passenden Krimi?

Ein-Euro-Gemüse frisch vom Feld zur Selbstbedienung in Gudensberg

Mitte oder Mittelpunkt? Viele beanspruchen den Titel, wenige verdienen ihn

Buddha im Steingarten in Baunatal: Schutzgott und Löwe vor Einfamilienhaus

haben wir nun schon so viele Mittelpunkte Deutschlands bewundern dürfen, daß es allmählich reicht. Könnten die Mittelpunktforscher nicht einmal etwas Nützlicheres tun? Und ein Mittel gegen Schnupfen erfinden?

Interessanter ist der Blick vom 460 Meter hohen Bilstein auf das kleine Dorf Besse, das Fuldatal und die Stadt Baunatal und ihr markantes VW-Werk: Stadt, Land, Fluß und Industrie.

Da ich uns im Hotel Stadt Baunatal Zimmer reserviert habe, machen wir um Besse, das etwas abseits liegt, einen Bogen, obwohl der Heimatkundler Wilhelm Kellner es 1869 in der *Zeitschrift des Vereins für hessische Geschichte und Landeskunde* hoch gelobt hat: „Es ist ein Dorf mit fruchtbarem Boden und echtem Bauernstamm von gutem Schrot."

„Die Ärmsten dort", sagt Kromo. „Sie haben bestimmt gehört, daß wir hier auf der Durchreise sind, haben einen roten Teppich für uns ausgerollt, ein Spalier aus Ehrenjungfrauen auf die Beine gestellt und das Goldene Buch für uns bereitgelegt, und das ist jetzt alles umsonst!"

Im Zickzack wandern wir östlich vom Burgberg, einem weiteren erloschenen Vulkan, ins Tal auf Großenritte zu, und Kromo bleibt an einem Hirschgehege stehen. „Na, nun geht mal in die Sonne", sagt er zu den Hirschen, doch die denken gar nicht dran. Tiere gehorchen ihm nicht so gut wie Menschen.

Ein Aushang klärt uns über die Ergebnisse der archäologischen Grabungen im Burgberg auf: „Die ältesten Funde stammen aus der jungneolithischen Michelsberger Kultur (4200–3500 v. Chr.). Sogenannte Tulpenbecher, Backteller und Gefäße mit seitlichen Ösen zum Aufhängen gehören zum typischen Inventar eines Hauses dieser Zeit."

Ich würde meine Hand zwar nicht dafür ins Feuer legen, aber ich halte es für wahrscheinlich, daß die Töpferkunst in Mesopotamien damals schon weiter entwickelt war als in der Westhessischen Senke ...

Auf dem Hünsteinplatz in Großenritte sehen wir uns den Hünstein an, einen zweieinhalb Meter hohen Hinkelstein, von dem es heißt, daß er in der Jungsteinzeit als Kultobjekt gedient habe. Eine Sage über seine Herkunft hat der Heimatforscher Karl Lyncker 1854 wiedergegeben: „Die Bauern erzählen, ein Riese habe ihn vom Hirschstein bei Elgershausen losgerissen, um damit den Kirchthurm von Kirchbauna zu zerschmettern, aber der Stein sei ihm zu früh aus der Hand gefahren, eine Stunde weit geflogen und dann bei Großenritte in's Ackerland niedergefallen."

Hier schließt sich ein Kreis, denn Lyncker war ein beflissener Leser der Werke der Brüder Grimm, die wiederum mit Lynckers Sagensammlung vertraut waren.

„Aber woher weiß man denn, daß dieser Stein rituellen Zwecken gedient hat?" fragt

Kromo. „Könnte den nicht einfach Obelix den Goten an den Kopf geschmissen haben?“

Je näher wir dem Hotel Stadt Baunatal kommen, desto garstiger wird der Autoverkehr. Als Fußgänger fühlt man sich hier wie ein Paria. Wir weichen in den Stadtpark aus, stoßen dort auf eine nur für schwindelfreie Menschen benutzbare Brücke, die über die lebensgefährliche Altenritter Straße führt, und finden erst auf Umwegen ans Ziel.

So wie Hanau ist auch Baunatal eine autogerechte Stadt. Doch dann sind es nur zwei Fußminuten vom Hotel bis zu der netten Gaststätte Hessenklause, die schon wieder mitten im Märchenland zu liegen scheint.

Die Kellnerin, die uns die Rechnung bringt, fragt uns ein bißchen aus und sagt dann: „Ah, die kennt man ja, die Gebrüder Grimm!“

Es ist noch nicht erforscht worden, wann genau sich der altertümliche Ausdruck „Gebrüder Grimm“ eingebürgert hat und weshalb das Volk bis heute daran festhält. Am 10. November 1815 gebrauchte ihn Wilhelm Grimm in einem Brief an den Philologen Georg Friedrich Benecke sogar einmal selbst. Aber wieso sollte man die Brüder Grimm im 21. Jahrhundert noch als „Gebrüder“ bezeichnen?

Vor dem Schlafengehen gebe ich in meinem Hotelzimmer in der Suchmaske von Google Books Obervorschütz ein und entdecke eine beunruhigende Nachricht aus dem späten 18. Jahrhundert. *Der Anzeiger. Ein Tagblatt zum Behuf der Justiz, der Polizey und aller bürgerlichen Gewerbe, wie auch zur freien gegenseitigen Unterhaltung der Leser über gemeinnützige Gegenstände aller Art* meldete im Mai 1792: „Aus dem Dorf Obervorschütz, im Amt Gudensberg, ist am 23. Julius 1791 ein kleines Mädchen von 9 Jahren, mit Namen Anna Elisabeth Koch, entlaufen, und man hat seit dieser Zeit nichts von diesem Kinde in Erfahrung bringen können; es war mit einem rothzeuchenen Rocke und Kamisölchen angekleidet, und hat schwarze Haare; sollte sich dieses Mädchen bey jemand aufhalten, oder sonst einer davon Nachricht geben können, der wird sehr gebeten, dem Greben in Obervorschütz, gegen Erstattung der etwaigen Kosten, solches bekannt zu machen.“

Was mag aus dem Mädchen geworden sein? Ich bleibe noch etwas am Ball und finde unter https://gw.geneanet.org die Mitteilung, daß eine Anna Elisabeth Koch in Obervorschütz einen Johannes Kieppe geheiratet und 1802 ein Kind namens Elisabeth Kieppe geboren habe. Aber war es dieselbe Anna Elisabeth Koch?

Der „Grebe“ oder „Greve“ war, wie ich noch ermitteln kann, ein Dorfvorsteher, und unter einem „Kamisölchen“ ist so etwas wie ein Oberteil aus Kattun zu verstehen.

Genug für heute. Es wird Zeit, zu Bett zu gehen und in das Lied einzustimmen, das die Erde singt.

Ein Turm wie ein Bergfried: Sandsteinkirche von Großenritte

Engel im Leopardenland: Sitzgruppe im Entree des Hotels in Baunatal

 Das Rasthaus (Ulmbach)

AFRO SPEZIALITÄTEN
15
MULTI
KULTI
LADEN
AFRIKANISCHE FRISUREN
RASTAZÖPFE
RECHTSANWALT RUBEN KRAMER
FACHANWALT
für
SOZIALRECHT
Termine nach Vereinbarung

 Das Kuscheltier (Ulmbach)

Das Streifenpferd (Fritzlar)

174 Der Hochsitz (Frauenberg)

 Der Bistro-Toni (Marburg)

Der Pizza-Toni (Wächtersbach)

 Der Hauseingang (Laubach)

Der Hausteich (Ahl)

 Das Gartenfahrrad (Wega)

P
Zahnarztpraxis
Henkel

 Das Gipfelkreuz (Gackerstein)

 Der Herrensalon (Marburg)

Der Damensalon (Bad Wildungen)

Die alte Brauerei: Die Knallhütte in Oberzwehren, wo Dorothea Viehmann 1755 geboren wurde, die den Grimms Märchenstoffe lieferte

Die heutige Knallhütte: Längst hat sie sich als hochmoderne Brauerei auf dem Gelände eingerichtet

VIERZEHNTER TAG: SCHNUDDELN BEI WEIN UND KERZENSCHEIN

„Weißt du, was ein Kamisölchen ist?" frage ich Kromo beim Frühstück und bin gespannt, ob er von einem Oberteil aus Kattun sprechen oder im Dunkeln tappen wird.

„Könnte was Japanisches sein mit Kamikaze", sagt er. „Vielleicht Kami-sel-zen. Also womöglich ein mit der aufgehenden Sonne bedrucktes Stirnband der Kamikazeflieger im Zweiten Weltkrieg. Oder was Bayrisches: Kamin-sölchen, so kleinteiliges Geselchtes, also über Kaminfeuer hergestelltes Rauchfleisch. Warum?"

„Ach, nur so ..."

Ich finde es beruhigend, daß Kromo eben doch nicht Doktor Allwissend ist.

So wie in ganz Deutschland sind auch in Baunatal die Vorgärten mit vietnamesischem Granit gefüllt – geradezu bis Oberkante Unterlippe. Außerdem ist hier in einem Vorgarten ein steinerner Adler mit ausgebreiteten Schwingen zu sehen, vor Skulpturen von Erdmännchen, die ihn durch Ferngläser beobachten. Da müssen die Nachbarn noch nachrüsten, wenn sie mithalten wollen.

Der Aquapark an der Altenritter Straße kann uns nicht locken. Er hätte uns zwar ein Dampfbad, ein Solarium, ein Springerbecken mit Kletterwand und eine „Black-Hole-Rutsche" mit Lichteffekten zu bieten, aber wir haben ein anderes Tagesprogramm.

So sorglos wie im Ebsdorfer Grund oder im Habichtswald können wir hier freilich nicht herumspazieren, denn auch heute ist der Verkehr nicht von Pappe. Wir gelangen jedoch unversehrt zur Porschestraße vor dem riesenhaften Volkswagenwerk, um das sich eine Wandersage rankt. Der Volkskundler Rolf Wilhelm Brednich hat sie 1990 in seinem Buch „Die Spinne in der Yucca-Palme" wiedergegeben: „Eine etwas etepetete Frau wohnt mit ihrem Mann in einer Werkswohnung von VW in Baunatal. Als ihr Mann zur Kur weg ist, nutzt sie die Gelegenheit und lädt ihren Liebhaber zu sich ein. Na ja, und als es dann so zum Geschlechtsverkehr zwischen den beiden kommt, überfällt sie plötzlich das schlechte Gewissen, und sie kriegt einen Scheidenkrampf, so daß der Liebhaber aus ihr nicht mehr rauskommt. Irgendwie gelingt es ihnen, einen Krankenwagen zu rufen. Als die beiden dann auf der Trage aus dem Haus getragen werden sollen, versucht man die Schmach noch in Grenzen zu halten, indem man ein Laken über die beiden deckt. Im Krankenhaus kann dann der Arzt den Scheidenkrampf mit einer Spritze lösen."

Als Quelle hat Brednich angegeben: „Erzählt im Februar 1989 von der Schwester der Aufzeichnerin. Ihr war sie ca. 1981 von einer Bekannten aus Baunatal erzählt worden." In vielerlei Gestalt ging diese Geschichte schon im Mittelalter um die Welt, doch in der Sagensammlung der Brüder Grimm fehlt sie.

Der Automobilingenieur Ferdinand Porsche (1875–1951) war ein Kriegsverbrecher, der KZ-Häftlinge als Zwangsarbeiter angefordert und eingesetzt und auch Kriegsgefangene versklavt hatte. An eine Umbenennung der nach ihm benannten Straße scheint in Baunatal aber niemand zu denken.

„Die Porschestraße sieht auch nicht so aus, als ob der Name Geschwister-Scholl-Straße besser zu ihr passen würde", sagt Kromo. „Nein, der Name Porschestraße ist schon stimmig ..."

Vom Bahnhof Altenbauna führt ein unübersichtliches Schnellstraßen- und Autobahnunterführungsgeschlinge zum Brauhaus Knallhütte hinter der A 49. Dort wurde 1755 Dorothea Pierson geboren. Sie heiratete den Schneider Nikolaus Viehmann und zog mit ihm 1787 in das vier Kilometer weiter nördlich gelegene Dorf Niederzwehren um. Ihr verdankten die Brüder Grimm mehr als zwanzig Märchen, darunter „Der Teufel mit den drei goldenen Haaren", „Die kluge Else" und „Die Gänsemagd". Wie sie dafür entlohnt wurde, schilderte Wilhelm Grimm im Juli 1813 in einem Brief an seinen Bruder Ferdinand: „Die Frau kriegt jedesmal ihren Kafee ein Glas Wein und Geld obendrein, sie weiß es aber auch nicht genug zu rühmen und erzählt dann bei Ramüs, was ihr all für Ehre widerfahren sey, und sie habe ihr silbern Löffelchen beim Cafee gehabt so gut wie einer."

Mit „Ramüs" war die Familie des Predigers Charles François Ramus aus Kassel gemeint, dessen Töchter die Brüder Grimm mit Dorothea Viehmann bekanntgemacht hatten.

Nach einer Mitteilung ihrer Enkelin Martha Elisabeth Hagemeier aus dem Jahr 1885 machte Dorothea Viehmann sich in Niederzwehren wegen ihres Kontakts zu den Brüdern Grimm sehr unbeliebt: „Frau Viehmann ist durch diese Besuche in Kassel, bei welchen sie meist von einem ihrer Kinder begleitet war, in üble Nachrede gekommen, wie es auf den Dörfern geht, wo neidische unverständige Leute hinter dem, was ihre Beschränktheit nicht faßen und sich nicht erklären kann und was außerhalb des Kreißes des täglichen Einerlei liegt, leicht etwas böses vermuten. Augenscheinlich ist Frau Viehmann nicht gerade in besonderer Gunst gewesen bei ihren Dorfgenoßen." Ist es nicht zum Weinen?

Den Welterfolg der Märchenbücher hat Dorothea Viehmann nicht mehr erlebt; sie starb im November 1815. Im selben Jahr erschien der zweite Band von „Grimms Märchen", und in der Vorrede hieß es: „Einer jener guten Zufälle aber war die Bekanntschaft mit einer Bäuerin aus dem nah bei Cassel gelegenen Dorfe Zwehrn, durch welche wir einen ansehnlichen Theil der hier mitgetheilten, darum ächt hessischen, Märchen, so wie mancherlei Nachträge zum ersten Band erhalten haben. Diese Frau, noch rüstig und nicht viel über funfzig Jahre, heißt Viehmännin ..." Das begünstigte die Vorstellung, die Brüder Grimm hätten ihre Märchen dem einfachen deutschen Volk abgelauscht und es handele sich um eine „stockhessische Sammlung", wie der Literaturwissenschaftler Johannes Bolte schrieb. Tatsächlich war jene „Viehmännin" jedoch keine Bäuerin, sondern die gutbürgerliche Frau eines Schneiders und zudem französischer Abkunft: Sie entstammte einer Familie hugenottischer Flüchtlinge.

Statt der Wahrheit wurde trotzdem immer wieder gern die Legende gedruckt. Wie der Germanist Hans Henning Smolka in einem Aufsatz berichtet hat, versorgte die *Hessisch-Niedersächsische Allgemeine* die Gutgläubigen unter ihren Lesern am 22. Juni 1985 mit einer frei erfundenen Anekdote aus dem Leben der Viehmännin: „Dorothea hatte sich eines Tages, genauer gesagt im Jahre 1813, mit frischem

Ackerfloristik: Blumen in Betonkübel am Straßenrand

Im Eichenschatten: Das Fachwerkhaus in Niederzwehren, in dem die Märchenfrau Dorothea Viehmann wohnte

Immer der Haubenfrau nach: Wandern von Oberzwehren nach Kassel auf der nach der Grimm-Zuträgerin Dorothea Viehmann benannten Route

Obst und Gemüse nach Kassel auf den Markt gemacht, um für die Familie ein kleines Zubrot zu verdienen. Als sie ihre Waren feilbot, schlenderten die Brüder Grimm gerade über den Marktplatz. Sie sprachen die bereits 58jährige an, denn sie hatten gehört, daß die einfache Bauersfrau Dorothea die alten Märchen aus dem Volke fest im Gedächtnis hatte und eine hervorragende Erzählerin war. So traf es sich, daß sie den beiden ein Märchen nach dem anderen erzählte, was die Brüder fleißig niederschrieben."

Ein Fall von Journalistendichtung.

Man nimmt an, daß die Knallhütte Knallhütte heißt, weil die Kutscher hier vor einer Steigung einst durch lautes Peitschenknallen Brauereipferde als Vorspannhilfe anzufordern pflegten. In dem Gebäude befindet sich jetzt die Hütt-Brauerei, die seit neun Generationen in Familienbesitz ist. An jedem dritten Samstag im Monat gibt es im Brauhaus Knallhütte eine „Märchenstunde" mit einer Dorothea-Viehmann-Darstellerin, und auf der Speisekarte des Restaurants stehen unter anderem die Gerichte „Hänsel und Gretel" (Meerrettichcremesuppe mit Pumpernickelsahne), „Vom klugen Schneiderlein" (Schweinegeschnetzeltes mit Romanesco und Röstitalern) und „Grimms Lendchen" (Schweinelenden mit Champignons in Rahmsauce und Bratkartoffeln mit Speck und Zwiebeln).

„Klingt annehmbar", sagt Kromo, aber das Brauhaus Knallhütte ist noch geschlossen, und wir haben gerade erst gefrühstückt.

2015 hat die Stadt Baunatal einen Dorothea-Viehmann-Weg angelegt, der die Knallhütte mit den späteren Wohnorten der Viehmännin und dem Museum Grimmwelt in Kassel verbindet. Diesen Weg wollen wir nehmen, doch er ist so schlecht beschildert, daß wir den Versuch, seinem Verlauf zu folgen, alsbald wieder aufgeben.

Etwas nördlich vom Autobahnkreuz Kassel-West steht eine Radwegenetzkarte, die uns auch nichts nützt, weil irgendein Doofmann sie dick mit dem Kürzel „BVB" besprüht und damit unleserlich gemacht hat. Narrenhände beschmieren Tisch und Wände!

Ein „Heinr. Gustav Pierson", gefallen am 10. Dezember 1917, ist auf einem Kriegerdenkmal in Oberzwehren verewigt. War auch er ein Nachfahre von Dorothea Viehmanns Eltern?

Der große Gott Google wird vielleicht Näheres wissen.

In den Winkeln des Brückenbetons unterhalb der ICE-Trasse über der Altenbaunaer Straße haben Tauben ihr Zuhause. Ob sie einmal jemand auf Gehörschäden untersucht hat?

Nach rechts geht es in Niederzwehren dann in den Dorothea-Viehmann-Park und nach links in die Brüder-Grimm-Straße zu einem ehemaligen Wohnhaus Dorothea Viehmanns

Grün, weiß, blau: Efeu auf Fachwerk am Hauseingang

und weiter in den Märchenweg. Auch dort, in dem Fachwerkhaus mit der Nummer 11, hat Dorothea Viehmann gewohnt. Es ist mit einer Büste von ihr geschmückt, ein Stückchen weiter unten fließt der Grunnelbach, und wenn man es nicht besser wüßte, könnte man glauben, man wäre mit einer Zeitmaschine ins frühe 19. Jahrhundert gereist, denn der Dorfkern scheint ganz der alte zu sein.

An einer Eiche hinterm Haus hängt Werbung für die Niederzwehrener Märchentage im September. Einer der Programmpunkte lautet „Schnuddeln bei Wein und Kerzenschein“. Wobei es hoffentlich recht sittsam zugehen wird.

Kromo setzt sich auf eine Bank und verarztet seinen wandermüden linken großen Onkel mit einer Tinktur. Gut fünf Kilometer liegen noch vor uns.

Jenseits der Dorothea-Viehmann-Straße erscheint die Dorothea-Viehmann-Schule auf unserem Radar, und nun wird es schlagartig wieder städtischer. Möbel & Küchen Schaumann, Teppich-Kibek, Bavaria Petrol, Burger King, Tedi, Kik, BabyOne und Rewe buhlen um unsere Gunst, und nach einem weiteren Kilometer öffnet sich die grüne Oase der Karlsaue, die der weise Landgraf Karl von Hessen-Kassel im frühen 18. Jahrhundert gestalten ließ. Diese Parkanlage prunkt mit einem großen Teich, Kanälen, Rasenflächen, Rhododendronstauden und achtunggebietenden Bäumen, zu denen auch eine rund 400 Jahre alte Stieleiche gehört.

„Durften zu Grimms Zeiten eigentlich die normalen Leute hier in den Park?“ fragt Kromo, aber das weiß ich auch nicht.

Das barocke Orangerieschloß in der Karlsaue sähe noch schöner aus, wenn dahinter nicht ein funktionalistisches Hochhaus stünde, das die Optik verdirbt. Kromo meint, es könnte das Kasseler Regierungspräsidium sein.

Als ich mir an einer Gelato-Italiano-Bude ein Eis holen will, bittet er mich, beim Bezahlen nicht zu knausern, denn er möchte die Verkäuferin noch fotografieren, und sie kommt auch tatsächlich heraus und baut sich vor der Kamera auf.

„Mille Grazie!“ sagt Kromo, und dann steigen wir die Stufen zu der Straße Schöne Aussicht hoch.

Hier steht noch eines der Häuser, in denen die Brüder Grimm gewohnt haben: Schöne Aussicht 9, ein angemessen würdevolles Gebäude, in dem sie von 1826 bis 1829 standesgemäßer lebten als einige Jahre zuvor in der nahen Fünffensterstraße im Haus eines Schmieds. Am 1. Mai 1822 schrieb Jacob Grimm von dort aus an Karl Lachmann: „Seit drei tagen, lieber freund, sind wir endlich ausgezogen, und wohnen viel schlechter, ich habe ein ganz enges stübchen bekommen mit einem fenster und nachdem tische und bücher eingeräumt sind nur zwei stühle fassend; das fenster nicht mehr nach norden, so daß ich mein lieblingsgestirn,

Landmarke: Silberfarbene Stele am Eingang zum VW-Werk Baunatal

Siamesischer Zwillingskäfer: Kunst am Bau statt Marken-Logo auf dem VW-Werkstattzentrum in Kassel

Am Ende eines Wandertags: Das Etappenziel Kassel, Hotel Astoria

Mendelssohn im Jahre 1845, daß Jacob Grimm „eben nicht besonders judenfreundlich gesinnt" sei. Das war anscheinend allgemein bekannt. Die Judenfeindschaft der Grimms äußerte sich also nicht allein in Tagebüchern und Privatbriefen, auch wenn sie vielleicht nur dort ganz unverhüllt hervortrat, so wie in einem Brief, in dem Jacob Grimm sich im Juni 1861 gegenüber Karl Weigand wieder einmal über den jüdischen Lexikographen Daniel Sanders beklagte: Dieser habe „ganz die jüdische frechheit und zudringlichkeit".

Deutlicher geht es nicht mehr, und dennoch erklärte Heinz Rölleke 2007 in seinem Aufsatz „Die Brüder Grimm und das Recht", man sage ihnen „zuweilen unbesehen, einigermaßen töricht und ganz zu Unrecht" Antisemitismus nach. Das war ein gutgemeinter Ehrenrettungsversuch, doch die Quellen sprechen eine andere Sprache. Es wäre unsinnig, deswegen den Stab über die Brüder Grimm zu brechen, aber es gibt auch keinen Grund, die Augen vor der Wahrheit zu verschließen. Der Literatursoziologe Richard Faber brachte es 2002 genau auf den Punkt, als er die Einstellung der Brüder Grimm zu den Juden beschrieb: „Ihr Antijudaismus war zwar noch kein antichristlicher und insgesamt antihumanistischer oder gar rassistischer, aber auch so ein zweifelsfreier."

Wilhelm Schoof hatte leider recht gehabt, als er die Judenfeindschaft der Brüder Grimm betonte. Ohne diesen Makel ist ihr kulturelles Erbe nicht zu haben.

Bis zum Hotel Astoria, wo unsere Rucksäcke schon seit dem frühen Morgen geduldig ausharren, ist es ein weiter Weg über das lange Elend der vielbefahrenen Friedrich-Ebert-Straße. 1984 definierte der Schriftsteller Hans Pleschinski die Stadt Kassel als einen „Haufen Baumüll aus Wir-sind-wieder-wer-Zeiten mit dazwischenliegenden Teergroßflächen fürs rollende Dünnblech", und so ähnlich sieht Kassel auch jetzt noch auch aus, obwohl im Straßenbau der Bundesrepublik seit 1984 kein Teer mehr verwendet wird.

Über gedbas.de, eine Website des Vereins für Computergenealogie, finde ich in meinem Hotelzimmer zwar keinen Heinrich Gustav Pierson, aber einen Gustav Heinrich Pierson, von dem es heißt, daß er 1894 geboren worden und „zu einem Zeitpunkt zwischen 1914 und 1918" als U-Boot-Fahrer gestorben sei. Und nach weiteren fünf Klicks stellt sich heraus: Er war ein Ururenkel von Johann Isaac Pierson, dem Vater der Viehmännin.

Wie es aussieht, müssen die Stammbäume im Internet noch mit den Angaben auf den Kriegerdenkmälern abgeglichen werden.

Imponiergehabe: Einer der goldenen hessischen Löwen, die das Kasseler Rathaus bewachen

FÜNFZEHNTER TAG: FRIEDE DEN TEUTONISCHEN URWÄLDERN

An der Hotelrezeption gibt es Freifahrtscheine für den öffentlichen Nahverkehr, und die nehmen wir dankbar entgegen. Unser Fußkilometersoll haben wir schließlich schon übererfüllt.

Mit der Straßenbahn geht's zum Rathaus und von dort über den Brüder-Grimm-Platz zum nördlichen Gebäude der sogenannten Torwache, wo die Brüder von 1814 bis 1822 wohnten. Auf diesem Platz hat man ihnen ein bescheidenes Denkmal gesetzt. Dabei ist auch wieder ein Buch im Spiel, so wie in Hanau, denn ein bücherloses Brüder-Grimm-Denkmal wäre ungefähr so sinnig wie ein Reiterstandbild ohne Pferd.

Gleich nebenan befindet sich das Museum Grimmwelt Kassel, das 2015 eröffnet worden ist. Die Meinungen darüber gehen weit auseinander – auf www.tripadvisor.de reichen die Urteile von „schrecklich" und „enttäuschend" bis zu „grandios" und „perfekt" –, aber Kromo und ich sind uns rasch einig, daß sich der lange Marsch von Hanau zur Grimmwelt Kassel gelohnt hat.

Wir sehen hier unter anderem Jacob Grimms Papierschere, ein Handexemplar der „Deutschen Grammatik" mit Korrekturen, Originalbriefe, zeitgenössische Überstiefel eines Postillons, den Verlagsvertrag über das „Deutsche Wörterbuch", sehr viele Erstausgaben, Kinderzeichnungen der Brüder, eine Bonbonniere aus ihrem Nachlaß, ein Sofa aus Jacob Grimms Arbeitszimmer, Dorothea Wilds Filethäkelnadel und einen Zuckerstreuer aus ihrer Mitgift, eine Kinderrassel ihrer Tochter Auguste und zahlreiche Zeichnungen von Ludwig Emil Grimm. Die Aura all dieser schönen Ausstellungsgegenstände vermittelt einem das Gefühl oder doch wenigstens die Illusion, etwas von der Lebenswirklichkeit der Brüder Grimm zu erfassen, das sich in der Literatur über sie nicht finden läßt.

Ausdrucksstark ist auch ihr visualisiertes Briefnetzwerk, das einem anhand einer Europakarte vor Augen führt, wie intensiv und weiträumig die Brüder Grimm mit anderen Gelehrten korrespondierten. Ein weiterer Höhepunkt ist die Videoinstallation „For Ever And Ever" von Dominique Müller und Detlef Weitz, die auf höchst geschickte, hintersinnige und komische Weise Ausschnitte aus mehr als einhundert Märchenfilmen collagiert haben.

Im ersten Stock des Museums mustern wir dann noch kurz eine Ausstellung über Flüchtlinge. Auf den zweisprachigen Tafeln werden sie entweder „refugees" oder „geflüchtete Menschen" genannt, und da frage ich mich wieder einmal: Was um alles in der Welt spricht eigentlich dagegen, Flüchtlinge Flüchtlinge zu nennen? Inwiefern soll diesem Begriff etwas Abwertendes innewohnen, im Unterschied zu den umstandskrämerischen Begriffen „Geflüchtete" oder „geflüchtete Menschen"?

Am Königsplatz haben wir vom Café Kamps aus einen guten Blick auf den sechzehn Meter hohen, im Juni 2017 aufgestellten Obelisken, mit dem der Künstler Olu Oguibe eine hitzige Debatte ausgelöst hat. In deutscher, englischer, türkischer und arabischer Sprache ist der Obelisk mit einem Wort aus dem Evangelium des Matthäus beschriftet: „Ich war ein Fremdling, und ihr habt mich beherbergt." Es genügt, aus dem Sturm der Entrüstung die schrille Stimme des Kasseler Stadtverordneten Thomas Materner von der AfD zu zitieren. Weil er es sich aus kosmetischen Gründen versagen mußte, von „entarteter Kunst" zu sprechen, bezeichnete er den Obelisken im Kulturausschuß der Stadt als „ideologisch-polarisierende, entstellende Kunst" und merkte an, es solle „Herrn Oguibe besser klar sein, daß er sein Werk besser ein-

Kubus am Hang: Kassels Märchenmuseum Grimmwelt

„Ich war ein Fremdling, ihr habt mich beherbergt": Documenta-Obelisk auf dem Königsplatz

Industriedenkmal: Freigelände des Kasseler Henschel-Museums

packt, anstatt unsere schöne Stadt mit diesem unsäglichen Thema zu gängeln".

Es ist zweifelhaft, ob Herr Materner genug Phantasie besitzt, um sich vorstellen zu können, daß auch er eines Tages als Flüchtling in der Fremde um eine Herberge bitten muß. Aber eins ist sicher: Seiner Herzensbildung würde diese Erfahrung guttun.

Kromo möchte ein paar ulkig gewandete junge Frauen fotografieren, die auf dem Königsplatz im Kreis sitzen. „Bin gleich wieder da!" Er eilt zu ihnen hin und wird sofort in ihre Runde aufgenommen. Es kommt sogar zu Umarmungen.

Wie macht dieser Mann das nur?

Das sei ein Junggesellinnenabschied, sagt er, als er zurückkehrt. „Die wollten mir Schnaps verkaufen! Ein Euro das Glas ..."

Auf dem Flohmarkt am Friedrichsplatz nehme ich ein paar Bücher zur Hand: „Kassel gestern und heute", „Alt-Kassel", „Kassel in Bildern zwischen Kaiserreich und Wirtschaftswunder". Das noch unzerbombte Kassel sah schon glanzvoll aus, kein Zweifel, aber Jacob Grimm war mit dem Stadtbild nicht zufrieden. „Wenn man sieht, wie anderwärts verfahren wird, muß man gestehen, daß alles was zu Cassel in den beiden letzten generationen gebaut wurde, ohne plan und geschmack ausgeführt worden ist", schrieb er im September 1834 aus Brüssel an Wilhelm.

Am Friedrichsplatz steht das berühmte Museum Fridericianum. Dort diente Jacob Grimm von 1808 bis 1814 als Privatbibliothekar Napoleons Bruder Jérôme Bonaparte, der das Königreich Westphalen regierte – „die ruhigste, arbeitsamste und vielleicht auch die fruchtbarste Zeit meines Lebens", wie er resümierte –, und nach dem Ende der Franzosenherrschaft arbeitete Wilhelm Grimm noch bis 1829 als Sekretär der Bibliothek des Fridericianums.

„Da sind sie also ein- und ausgegangen", sagt Kromo. „Und das Fridericianum würden sie heute auch noch wiedererkennen. Und die Karlsaue und Teile der Schönen Aussicht. Aber den Rest der Stadt bestimmt nicht mehr ..."

Im Stadtmuseum am Ständeplatz fällt unser Blick auf einen in Kassel-Nordshausen sichergestellten Abendmahlskelch aus dem 15. Jahrhundert und auf einige Steinschloßpistolen aus dem 18. Jahrhundert, und dann stehen wir vor der Reproduktion eines um 1865 entstandenen Gemäldes von Theodor Matthei, das den Transport einer Henschel-Lokomotive durch die Untere Königsstraße zeigt. Sechzig Pferde mußten die Lok ziehen, weil die Maschinen- und Fahrzeugbaufirma Henschel keine Genehmigung für einen Gleisanschluß zum Hauptbahnhof bekommen hatte.

Verwandt bin ich mit dieser Kasseler Unternehmerfamilie meines Wissens nicht. Mein ältester mir namentlich bekannter Ahnherr in der väterlichen Linie ist mein Urgroßvater Christian Henschel, ein Bauernsohn aus dem kleinen, seit 1945 polnischen Dorf Balkow in der Nähe von Frankfurt an der Oder, und die großbürgerlichen Henschels aus Kassel entstammten völlig anderen Kreisen.

Es könnte natürlich sein, daß wir alle auf einen mittelalterlichen Stammvater zurückzuführen sind. Auf Lucas Ruprecht Conrad Henschel oder so, seines Zeichens Bürstenbinder oder Böttcher ...

Auf einem unscheinbaren Foto ist im Stadtmuseum ein Esel zu sehen. Er wurde 1933 von der SA vor dem jüdischen Kaufhaus Tietz (jetzt Galeria Kaufhof) in einen Stacheldrahtverhau gesperrt. Laut Bildunterschrift war dieser Verhau ein symbolisches „Konzentrationslager für widerspenstige Staatsbürger, die ihre Einkäufe bei Juden tätigen".

So fing es an. Wie es endete, zeigt das Modell der zerstörten Stadt Kassel, das man sich hier ebenfalls anschauen kann.

Am Abend des 22. Oktober 1943 warfen Piloten der Royal Air Force mehr als 400.000 Spreng- und Brandbomben auf Kassel ab und entfachten damit einen Feuersturm. „Gebildet hatte er sich", wie der Stadthistoriker Jörg Adrian Huber schreibt, „durch den gigantischen Sauerstoffbedarf des Riesenfeuers, das die Luft im weiten Umkreis ansaugte und zeitweise im Nahbereich ein regelrechtes Vakuum erzeugte. So fanden die Helfer am nächsten Morgen viele Menschen, die sich auf den Königsplatz geflüchtet hatten, weil ihnen auf der offenen Fläche keine Trümmer auf den Kopf fallen konnten, völlig unversehrt, aber tot: Sie waren unter freiem Himmel erstickt. Von anderen wurde nie wieder eine Spur gefunden. Sie waren von der Feuersäule angesaugt worden und in der ungeheuren Hitze vollständig verdampft."

In einer langgestreckten Vitrine liegt Trümmersplitt aus der Bombennacht. Aus solchem Schutt wurden nach dem Krieg Hohlblocksteine für den Wiederaufbau hergestellt. Einer davon ruht hier unter Glas, und dort steht, daß diese Steine im Volksmund wegen ihres Gewichts „Maurertod" hießen.

Wie man sich damals behalf, zeigen auch andere Objekte: ein Milchtopf aus Munitionsteilen, eine unansehnliche, aus einer Tellermine gebastelte Bratpfanne und ein Mieder aus einer umgearbeiteten Hakenkreuzfahne.

„Feines Museum", sagt Kromo. „Und was machen wir jetzt mit dem angebrochenen Tag?"

„Das ist doch wohl klar. Wir sehen uns das Henschel-Museum an."

Auf der Fahrt dorthin schießt Kromo Fotos durchs Busfenster.

„Wie viele Aufnahmen hast du auf dieser Wanderung eigentlich schon gemacht?"

Er schürzt die Lippen. „So an die tausend kommen da schon zusammen, schätz ich ..."

Wenn das unsere Leser wüßten! Von dem Aufwand, den wir treiben, ahnen sie nichts. Infolge meiner langanhaltenden Beschäftigung mit der Märchenforschung habe ich auf einem Wegweiser sogar schon einmal versehentlich „Hänsel- und Gretelzentrum" gelesen statt „Herz- und Gefäßzentrum".

Stillgelegt: Historische Henschel-Lokomotive

Das Henschel-Museum und das benachbarte Technik-Museum in den Hallen des ehemaligen Henschel-Werks versetzen ihre Besucher in eine versunkene Verkehrswelt. Neben hingebungsvoll gestalteten und lackierten Modellen historischer Fahrzeuge kann man hier auch echte ausrangierte Lokomotiven, Reisebusse, Straßenbahnen, Motorräder, Feuerspritzen, Hubschrauber und Oldtimer betrachten, die nostalgische Gefühle wecken. Je altmodischer das Design, desto hübscher der Anblick: Diese Faustregel hat merkwürdigerweise sehr viel für sich, auch wenn sonst kaum ein Anlaß dazu besteht, sich in das verzopfte Zeitalter vor der Einführung der Gurtpflicht zurückzuwünschen.

Die Firma Henschel & Sohn wurde hier 1810 von Georg Christian Carl Henschel, dem

Das Fridericianum von 1799 würden die Grimms sofort wiedererkennen. Der Flohmarkt auf dem Vorplatz wäre ihnen eher fremd

Henschel meets Henschel: Firmengründer (links) und Wandersmann

Gemüseladen in Kassel: Zu Exotischem hielten die Grimms Abstand

Sproß einer Dynastie fürstlicher Glockengießer, und seinem Sohn Johann Werner Henschel gegründet, der auch als Bildhauer tätig war. Sie blieb über viele Generationen im Familienbesitz, und es verstand sich von selbst, wozu die Söhne ausersehen waren. Oscar Henschel, ein Urenkelsohn des Firmengründers, verkündete im Oktober 1873 hocherfreut in einem Brief die „glückliche Geburt eines jungen Lokomotivfabrikanten".

Im Ersten Weltkrieg und mehr noch in den Jahren der Weimarer Republik und unter der Herrschaft der Nazis profitierte das Unternehmen von der Aufrüstung. Man kann das in einer Studie des Politikwissenschaftlers Jörg Kammler nachlesen: „Vor allem die Firma Henschel, die bereits seit 1926 die Entwicklung eines LKW-Grundmodells für die Reichswehr betrieben hatte und seit 1928 an der getarnten Entwicklung eines leichten Panzers beteiligt war, nahm sofort 1933 die Rüstungsproduktion auf und lieferte – neben der beginnenden Serienfertigung des von der Reichswehr als Einheitstyp ausgewählten Henschel-LKW – bereits Ende 1933 die ersten Panzer-Prototypen beim Heer ab."

1964 schrieb die *Zeit*, daß die Firma Henschel & Sohn Ende der zwanziger Jahre mit finanziellen Schwierigkeiten zu kämpfen gehabt habe, doch „die große Rüstungswelle der dreißiger Jahre rettete dieses einstmals größte Lokomotivwerk Europas". Daraufhin behauptete der Firmenerbe Oscar Robert Henschel in einem Leserbrief: „Das Rüstungsgeschäft spielte für die Firma Henschel & Sohn in Kassel überhaupt keine Rolle!"

Das war eine Lüge. Als „nationalsozialistischer Musterbetrieb" war sein Unternehmen einer der wichtigsten Panzerhersteller gewesen und hatte Tausende von Zwangsarbeitern ausgebeutet. Ihr Elend in dem sechs Kilometer von Kassel entfernt gelegenen Arbeitslager Schäferberg ist von dem Regionalhistoriker Klaus Moische-Wicke beschrieben worden: „Die Überbelegung der Baracken und die mangelhaften oder fehlenden sanitären Einrichtungen machten das gesamte Leben im Lager zur Qual. Ungeziefer und Infektionskrankheiten erlangten weite Verbreitung."

„Aber sicher nicht bis in Oscar Robert Henschels gute Stube", sagt Kromo. „Da sah es doch bestimmt ganz picobello aus!"

Wir wollen dann beide zurück zum Hotel, doch auf der Tannenstraße trennen sich unsere Wege, denn sie führt in schwindelnder Höhe über die Bahngeleise und kommt daher für mich nicht in Frage. Ich muß einen großen Umweg einlegen, über die Angersbachstraße, die Wolfhager Straße und die Zentgrafenstraße. Dort frage ich eine Dame nach der nächsten Bahnunterführung.

„Da gehen Sie hier weiter und dann links über die Brücke!"

„Nein, ich muß untendrunter durch, weil ich nicht schwindelfrei bin."

„Ach du Alarm!“ erwidert sie, und dieser Ausruf belustigt mich so nachhaltig, daß es mir mit seiner Schubkraft gelingt, die blöde Brücke doch zu überqueren.

Nicht weit von unserem Hotel stößt Kromo abends auf eine Bodenplatte, deren Inschrift besagt, daß Samuel Beckett hier in der Kasseler Bodelschwinghstraße 5 (früher Landgrafenstraße) von 1928 bis 1932 seine Geliebte Peggy besucht habe.

Wenn das Schule machen sollte, wird man in den Großstädten der Welt demnächst noch mehrere Milliarden Schilder anschrauben müssen, um die Öffentlichkeit über den jeweiligen Ort des Vollzugs von Geschlechtsakten zwischen Schriftstellern und ihren Geliebten aufzuklären. Aber niedlich ist es ja irgendwie doch, daß man in Kassel darüber informiert wird, wo Samuel mit Peggy schlief.

Im Restaurant China-Town an der Friedrich-Ebert-Straße bestellen wir uns eine Platte für zwei Personen: „Der Traum von Drachen und Phönix“, ein Gericht aus Garnelen, Rindfleisch, Entenfleisch und chinesischem Gemüse.

„Chinesisch gegessen haben die Brüder Grimm wahrscheinlich nie“, sagt Kromo.

Da stimme ich ihm zu. „Aber sie haben sich auch für die chinesische Kultur interessiert. Im dritten Band der ‚Deutschen Mythologie‘ berichtet Jacob Grimm, daß ein Kometenschweif für die Chinesen ein Besen ist, während die Inder ihn als Elefantenzahn bezeichnen …“

Von diesem Werk habe er nur die Vorrede des ersten Bandes gelesen, sagt Kromo. „Die hat mir gereicht. Da übertreibt er’s einfach mit seiner Verklärung der germanischen Vergangenheit …“

Es stimmt schon: In dieser Vorrede bekräftigte Jacob Grimm 1835 seine Auffassung, daß unsere Voreltern „nicht in verworrener, ungebändigter horde lebten, vielmehr eines althergebrachten sinnvollen rechts in freiem bunde, kräftig blühender sitte pflagen“.

Das war eine reine Wunschvorstellung, denn natürlich besaß auch Jacob Grimm keine genauen Informationen über das Treiben in den germanischen Wäldern. Und nicht einmal die grausamsten Gebräuche des Altertums konnten sein Bild von ihr trüben. Daher sah er auch in der rituellen Witwenverbrennung einen Anlaß zur Freude für die betroffenen Frauen: „Wie hat sich die oft gefühllose weichherzigkeit der neueren luft gemacht gegen den herben brauch des mitverbrennens der frauen im alterthum“, erklärte er 1849 in einer Rede vor der Berliner Akademie der Wissenschaften und gab seiner Überzeugung Ausdruck, „dasz die meisten frauen freudig mit ihren männern gestorben sind“.

Was Jacob Grimm offenkundig im Sinn gehabt habe, sei „eine vorfeudale, organische, herrschaftsfreie Ständegemeinschaft aus germanischer Frühzeit“, schrieb der Kulturwissen-

Spuren einer Kasseler Affäre: Samuel-Beckett-Porträt überlebensgroß auf einer Hausfassade

Verkaufsfördernde Namensgebung: Waffelladen in Kassel

Das Ziel rückt näher: Anstieg beim Schloß Wilhelmshöhe

schaftler Wolfgang Emmerich 1971. Auf „escapistische Illusionen dieser Art" habe jedoch bereits 1844 der junge Karl Marx die angemessene Antwort gegeben: „Gutmütige Enthusiasten dagegen, Deutschtümler von Blut und Freisinnige von Reflexion, suchen unsere Geschichte der Freiheit jenseits unserer Geschichte in den teutonischen Urwäldern. Wodurch unterscheidet sich aber unsere Freiheitsgeschichte von der Freiheitsgeschichte des Ebers, wenn sie nur in den Wäldern zu finden ist? Zudem ist es bekannt: Wie man hineinschreit in den Wald, schallt es heraus aus dem Wald. Also Friede den teutonischen Urwäldern!"

Grimms Märchen wurden aber auch im Hause Marx gelesen. Im März 1861 schrieb Karl Marx' Ehefrau Jenny in einem Brief über die sechsjährige Tochter Eleanor: „Besonders zeichnet sich das Kind durch sein allerliebstes Sprechen und Erzählen aus. Das hat es von seinen Brüdern Grimm gelernt, die Tag und Nacht seine Begleiter sind. Wir alle lesen uns stumm und dumm an den Märchen, aber wehe uns, wenn im Rumpelstilzchen oder im König Drosselbart oder im Schneewittchen auch nur eine Silbe ausgelassen wird. Durch diese Märchen hat das Kind neben dem Englischen, das in der Luft liegt, auch das Deutsche gelernt, das es mit besonderer Regelrichtigkeit und Pünktlichkeit spricht. Das Kind ist Karls wahrer Liebling und lacht und schwatzt ihm manche Sorge weg."

Beim Rundgang durchs Grimmwelt-Museum: Aufgeplatzte „Märchenbombe"

Damit war der Weg für die Verbreitung von Grimms Märchen in der DDR geebnet. Im Namen des deutschen Volkes verwahrte der kommunistische Pädagoge Hans Siebert sich 1952 gegen „die ideologische Vorbereitung der imperialistischen Welteroberungs- und Weltuntergangspläne durch Verzerrung und Verkehrung seiner mit der Volkspoesie verbundenen Vorstellungswelt" und nahm das Erbe der Brüder Grimm gegen den Kapitalismus in Schutz: „Diese Methoden einer ideologischen Kriegsführung, wie sie am krassesten in der Schund- und Gangsterliteratur zum Ausdruck kommen, erkennen, heißt imstande sein, sie zu bekämpfen und das nationale Kulturgut, zu dem auch unsere deutschen Märchen gehören, zu schützen."

Im Volksbildungsministerium war Siebert jedoch maßgeblich an ihrer Fälschung beteiligt. Wie die Germanistin Hanne Castein 1985 berichtet hat, erschien 1952 im Kinderbuchverlag der DDR der erste Band der „Kinder- und Hausmärchen" in einer Bearbeitung von Walter Pollatschek in Zusammenarbeit mit Hans Siebert: Die Freiheiten, die man sich bei dieser Ausgabe herausgenommen, seien „zahlreich – so wurden den frommen Märchenheldinnen die Tischgebete gestrichen, sowie andere offensichtlich christliche Praktiken getilgt".

In dem Märchen „Der Gevatter Tod" ist zwar ausdrücklich davon die Rede, „wie weislich Gott Reichthum und Armuth vertheilt", aber das hielt den kommunistischen Linguisten Gerhard Kahlo 1954 nicht davon ab, Grimms Märchen als Waffen im Klassenkampf zu preisen: „Daß die Märchen das Erzeugnis klassenbewußter Proletarier sind, geht klar aus der stetigen Parteinahme für die Armen gegen die Reichen hervor." Bei dieser Linie blieb es. „Die in der DDR vollzogene Zerschlagung der faschistischen Ideologie bedeutete auch eine Reinigung des Grimmbildes", erklärten die realsozialistischen Germanisten Werner Neumann und Burkhard Löther 1963 und verziehen Jacob Grimm seine politischen Irrtümer: „Die großen ideologischen Leistungen Grimms liegen in seiner wissenschaftlichen Arbeit. Einzelne Bemerkungen, die sein Unverständnis für die politischen Aktionen des sich sammelnden Proletariats zum Ausdruck bringen, dürfen uns deshalb den Blick auf die progressiven Tendenzen in seinem Werk nicht verdunkeln."

Den gleichen Standpunkt vertrat der Publizist Herbert Scurla in seiner Brüder-Grimm-Biographie, die 1985, vier Jahre nach seinem Tod, im Ostberliner Verlag der Nation erschien. Sogar ein Zitat von Lenin hatte er ihr einverleibt („In jedem Märchen sind Elemente der Wirklichkeit enthalten"), obwohl er 1933 in die NSDAP eingetreten war. Später hatte er sich dann im Kulturbund der DDR verdient gemacht und sich 1971 mit dem Vaterländischen Verdienstorden dekorieren lassen. Kurzum: ein Charakter mit vielen Facetten.

Während der freundliche chinesische Kellner den Tisch abräumt, fragt Kromo mich nach meinem Lieblingssatz aus den Werken der Brüder Grimm.

„Das ist einer mit einem Kommafehler: ‚Ein Läuschen und ein Flöhchen die lebten zusammen in einem Haushalte und brauten das Bier in einer Eierschale.' Und deiner?"

Sein Lieblingssatz, sagt er, laute: „Ich kann Ihnen nicht sagen, liebster Henschel, welche Freude Sie mir an meinem Geburtstage gemacht haben." Das habe Wilhelm Grimm am 28. Februar 1832 aus Göttingen an den Bildhauer Johann Werner Henschel geschrieben.

Das Beste kommt noch: Zwischenrast am Fontänenteich mit Blick auf den sogenannten Jussow-Tempel

SECHZEHNTER TAG: EIN NICHTS UM NICHTS

Den Abschluß unserer Wanderung soll heute der Aufstieg zur Statue des Herkules bilden, die seit 1717 oben im Bergpark Wilhelmshöhe auf einem gewaltigen Pyramidensockel steht – nach einem Wort von Goethe „ein Nichts um Nichts, ein ungeheurer Konfektaufsatz".

Wir fahren mit der Straßenbahn zum Bahnhof Kassel-Wilhelmshöhe, schließen unser Gepäck ein und brechen auf. Es ist ein frischer, klarer Morgen. Das Wetter hat in den letzten Tagen eine Eigenschaft gehabt, die man auch von den besten Fußballschiedsrichtern kennt: Es ist uns gar nicht groß aufgefallen.

Auf der Wilhelmshöher Allee, die hier schnurgerade den Berg hinaufführt, erzähle ich Kromo von Eckhard Henscheids wunderbarer Märchenparodie „Der Herr Korbes", in der alle möglichen Versatzstücke aus Grimms Märchen verrührt werden und die Figuren lauter dummes Zeug veranstalten. Gegen Ende heißt es dann: „Jawohl, ja, so lebten sie dahin, so sangen sie und ließen es sich bei mancherlei Schabernack wohlergehen, zusammen mit Pif, Paf, Poltrie, so hieß das Hausgesinde. Sie herzten und küßten sich und trieben vielfältige klebrige und widerwärtige Dinge miteinander, pfui Teu-

„Geh aus, mein Herz": Sonntagsgottesdienst im Wilhelmshöher Park zwischen Bäumen am Musikpavillon

Erinnerungsfoto am Neptunbrunnen mit den Kaskaden der Wasserspiele und der Herkulesstatue an der Spitze

fel, und ließen es fein krachen, bis daß feil es widerkrachte – das freilich waren die Bande, die ihnen mit Schimpf und Schande von ihrem Herzen absprangen."

Kromo kontert mit einem Zitat von Alexander Kluge: „Wer über die Märchen lacht, war nie in Not."

Dann scheint Kromo nie in Not gewesen zu sein, denn er lacht durchaus, als ich kurz noch eine andere Märchenparodie zusammenfasse, in der Robert Gernhardt und Peter Knorr den lieben Gott bei einem reichen Mann anklopfen ließen, der ihn reich bewirtet, woraufhin der liebe Gott ihm mitteilt, daß er das letzte Mal bei einem armen Manne eingekehrt sei, bei dem „alles – unter uns gesagt – doch erschreckend ärmlich" gewesen sei … „Nach diesen Worten aber schmausten und tranken die beiden nach Herzenslust, und es wurde noch ein richtig netter Abend."

Land und Leute: Ein gesprächiger alter Mann, zu dem wir unterwegs aufschließen, berichtet uns, daß er als Achtzigjähriger in diesem Jahr schon 2900 Kilometer weit durch Kassel gewandert sei. Vom Kraulen habe er irgendwann auf Nordic Walking umsteigen müssen, weil ihm die Knorpel in den Oberarmen ausgegangen seien.

Im Musikpavillon am Fontänenteich im Parkgelände der Wilhelmshöhe spielt ein Blasorchester „Geh aus, mein Herz", das schönste aller geistlichen Sommerlieder. Die Melodie ruft die Erinnerung an Paul Gerhardts unvergleichliche Verse wach: „Die Bächlein rauschen in dem Sand / Und malen sich und ihren Rand / Mit schattenreichen Myrthen …"

Ob dieses Lied in deutschen Grundschulen wohl noch gesungen wird? Ich habe meine Zweifel.

Das Aufsteigen der fünfzig Meter hohen Fontäne wird um 15.45 Uhr stattfinden. „Also in gut sechs Stunden", sagt Kromo. „Bis dahin bleib ich hier stehen."

Ich schaue auf die Uhr. „Gut, dann schreibe ich solange einen Roman …"

Und weiter bergauf. Schritt für Schritt. Wobei ich lieber zu Boden oder zur Seite blicke als nach vorn, denn eine Steigung wie diese ist keine Augenweide.

Kromo nimmt das Ganze sportlich: „Jetzt zahlt sich's aus, daß wir am Hoherodskopf geübt haben!"

Am sogenannten Neptunbrunnen atmen wir durch und schauen zurück ins Land. Die Stadt Kassel liegt tief im Tal unter einer leichten Dunstglocke, und hinter uns erhebt sich eine lange und steile Treppe, über die man zum Herkules gelangen kann. Ich unternehme einen Versuch, sie zu besteigen, aber meine Beine streiken. Mir wird schon schwindlig, wenn ich mir die Treppe und den Herkules von unten ansehe. Es gibt auch noch einen serpentinenreichen Waldweg zum Gipfel, aber ich bin kein Alpensalamander.

„Tut mir leid", sage ich zu Kromo. „Weiter kann ich nicht mehr rauf …"

Er schon. Der Steilhang schreckt ihn nicht. Und während er die letzten Höhenmeter nimmt, bestelle ich mir in der Kaskadenwirtschaft Grischäfer einen Milchkaffee und lasse zur Abwechslung meine Gedanken wandern.

Er wisse bereits, schrieb Wilhelm Grimm Ende Dezember 1840 an den Theologen Friedrich Lücke, als der Umzug von Kassel nach Berlin anstand, „wie es mir zu mute sein wird wenn ich aus der thüre meines hauses trete und das thor von cassel hinter mir liegt. hier habe ich lange zeit, die längste meines lebens zugebracht: mutter schwester kind liegen hier begraben."

In Berlin erwartete der preußische König Friedrich Wilhelm IV. die Brüder Grimm damals schon sehnlichst. Am 15. Mai 1840, kurz vor seiner Inthronisation, hatte er an Bettine von Arnim geschrieben: „Die Blicke die Sie mir in Herz und Sinn der Beyden gegönnt haben, erwärmen mich wie der beste Trunk im Rhein-Gau und steigern mein Verlangen, sie die unsern zu nennen, unsäglich."

Ein Monarch mit Literatur- und Kunstverstand: Ein paar mehr von seiner Art wären Deutschland besser bekommen als der unbelesene und größenwahnsinnige Kaiser Wilhelm II.

Anläßlich des Umzugs der Brüder Grimm nach Berlin rechnete der Dichter Franz von Dingelstedt dem hessischen Kurfürstentum vor, was es verlor: „Nun klage nicht, wenn sie auf's Neue gehen, / Du hast's gewollt, dir waren sie zu groß. / Den Baum entsprießen und nicht wipfeln sehen / Ist ja dein altes, oft gebüßtes Loos, / Und wieder wird in deiner Chronik stehen: / Es gab sich seiner schönsten Zierde blos, / Ein Firmament, den Widdern, den Arkturen, / Den Krebsen recht, doch nicht den Dioskuren."

„Sag mal, weißt du, was ein Arktur ist?" frage ich Kromo, als er schweißgebadet vom Zenit zurückkehrt.

„Na klar doch. Der Arktur ist ein Hauptstern im Sternbild Bärenhüter. Ein Riese der Spektralklasse K 2. Wieso?"

„Ach, nicht so wichtig …"

885 Stufen seien es vom Neptunbrunnen bis zum Herkules, sagt Kromo, aber die letzten 81 seien wegen Bauarbeiten gesperrt gewesen. Demnach habe er 804 Stufen aufwärts und 804 abwärts hinter sich. Insgesamt also 1608 Stufen.

Und jetzt holt er sich ein Eis.

Gleich geschafft! Fanfarenbläser auf den letzten Metern vorm Ziel

„Ein Nichts um Nichts, ein ungeheurer Konfektaufsatz": Ein letzter Blick zurück auf Herkules zwischen Eibenzweigen

202 Die Drogerie (Rosenthal)

Der Elektroladen (Steinheim)

ABUS
Sailor Moon
Loraine
&
Laurent
14.02.14
Torsten
Katja
Sauda
Emic
17.03.2013
ABUS

Verband der Ponyzüchter Hessen I. Preis
Verband der Ponyzüchter Hessen I. Preis
Verband der Ponyzüchter Hessen I. Preis
Verband der Ponyzüchter Hessen I. Preis
Verband der Ponyzüchter Hessen I. Preis
Verband der Ponyzüchter Hessen I. Preis
Verband der Ponyzüchter Hessen I. Preis
Eingang freihalten!
Kreistierschau Main-Kinzig Wächtersbach I. Preis 1978
3. Kreistierschau Main-Kinzig Wächtersbach I. Preis 1980
3. Kreistierschau Main-Kinzig Wächtersbach I. Preis 1980
Kreistierschau Main-Kinzig Wächtersbach I. Preis 1981
Kreistierschau Main-Kinzig Wächtersbach I. Preis 1981
I. Preis 1981
Pferdezuchtverband Franken e.V. I. Preis
Nürnberg 1982
Kreistierschau Main-Kinzig Wächtersbach I. Preis 1982
I. Preis 1982
Verband der Ponyzüchter Hessen I. Preis
Verband der Ponyzüchter Hessen I. Preis
Kreistierschau Main-Kinzig Wächtersbach I. Preis 1978
Verband der Ponyzüchter Hessen I. Preis
Verband der Ponyzüchter Hessen I. Preis
Verband der Ponyzüchter Hessen I. Preis
Kreistierschau Main-Kinzig Wächtersbach I. Preis 1978
Verband der Ponyzüchter Hessen I. Preis
Verband der Ponyzüchter Hessen I. Preis
Verband der Ponyzüchter Hessen I. Preis
3. Kreistierschau Main-Kinzig Wächtersbach I. Preis 1980
Verband der Ponyzüchter Hessen I. Preis
Verband der Ponyzüchter Hessen I. Preis
Verband der Ponyzüchter Hessen I. Preis
12. Kreistierschau Main-Kinzig Wächtersbach I. Preis 1989
Verband der Ponyzüchter Hessen I. Preis
6. Kreistierschau Main-Kinzig Wächtersbach I. Preis 1983
6. Kreistierschau Main-Kinzig Wächtersbach I. Preis 1983
I. Preis 1983
I. Preis 1983
Verband der Ponyzüchter Hessen I. Preis Familie
Verband der Ponyzüchter Hessen I. Preis Familie
Verband der Ponyzüchter Hessen I. Preis
Verband der Ponyzüchter Hessen I. Preis

 Der Waldsaurier (Hoherodskopf)

Tee Gschwendner
Premiumqualität seit 1978
Marburger
Landgrafen-Mischung
TEEVIELFALT
ZU OSTERN

 Der Flüchtlingsobelisk (Kassel)

Institute
Dr. Schrader
Ihr Lederhaus
vitos

 Die Hauskatze (Obervorschütz)

Die Schloßkatze (Schloß Wilhelmshöhe)

 Die Wagenräder (Aufenau)

Die Radkappe (Ulrichstein)

 Der Altstadtabend (Fritzlar)

KUHAUPT
Studienkreis
Profi-Nachhilfe für alle!
R4
Anwohner

Friedrich Neumann: Ein „Heiratsplan" Jacob Grimms? In: *Zeitschrift des Vereins für hessische Geschichte und Landeskunde* 72 (1961), S. 143–159

Werner Neumann/Burkhard Löther: Gedanken zur bevorstehenden Ehrung Jacob Grimms 1963. In: *Weimarer Beiträge* 9 (1963), S. 469–484

Joachim Kurd Niedlich: Das Märchenbuch. Der alten deutschen Volksmärchen heimliches Raunen. Berlin-Schlachtensee 1927

August Nitschke: Soziale Ordnungen im Spiegel der Märchen. Band 1. Das frühe Europa. Stuttgart 1976; Band 2. Stabile Verhaltensweisen der Völker in unserer Zeit. Stuttgart 1977

Barbara Oldenstein-Pferdehirt: Die römischen Hilfstruppen nördlich des Mains. In: *Jahrbuch des Römisch-Germanischen Zentralmuseums* 30 (1983), S. 303–348

Stephan Ott: Zur Behandlung des Märchens in der Schule. In: *Die Schulwarte* 4 (1951), S. 649–658

Michael Pasdzior/Matthias Reinhard: Die deutsche Märchenstraße. Auf den Spuren der Brüder Grimm. Eine Bildreise. Hamburg 1996

Will-Erich Peuckert: Wiedergeburt. Gespräche in Hörsälen und unterwegs. Berlin und Frankfurt am Main 1949

Heinz Piontek: Zu Grimms Märchen. In: ders., Das Handwerk des Lesens. Erfahrungen mit Büchern und Autoren. München 1979, S. 232–235

Hans Pleschinski: Verkehrserklimmung. In: ders., Frühstückshörnchen. Satiren. Siegen 1984, S. 20–23

Chlodwig Poth: Last Exit Sossenheim. München 1993

Wilhelm Praesent: Märchenhaus des deutschen Volkes. Aus der Kinderzeit der Brüder Grimm. Kassel 1957

Christian Presche: Die Knallhütte bei Rengershausen – das Elternhaus der Dorothea Viehmann. Anfänge und Baugeschichte eines Straßenwirtshauses. In: Dorothea Viehmann. Hrsg. von Holger Ehrhardt. Kassel 2012, S. 108–141

Josef Prestel: Märchen als Lebensdichtung. Das Werk der Brüder Grimm. München 1938

Vladimir Propp: Morphologie des Märchens. Übersetzt von Christel Wendt. Hrsg. von Karl Eimermacher. München 1972

August Raszmann: Grimm (Jacob Ludwig Karl). In: Allgemeine Encyclopädie der Wissenschaften und Künste in alphabetischer Folge von genannten Schriftstellern bearbeitet und hrsg. von J. S. Ersch und J. G. Gruber. Erste Section. A–G. Hrsg. von Hermann Brockhaus. Einundneunzigster Theil. Grias–Grizio. Leipzig 1871, S. 176–275

Josef Rattner: Tiefenpsychologie und Humanismus. Psychologische Untersuchungen über Mensch und Menschlichkeit heute. Zürich und Stuttgart 1967

Fritz Redlich: Der „Flüsterwitz". Seine publizistische Aussage in soziologischer und zeitgeschichtlicher Sicht. In: *Publizistik* 8 (1963), S. 79–101

Kolja Reichert: Ein Obelisk als Fieberthermometer. Der politische Streit um das „Fremdlinge und Flüchtlinge Monument" des Künstlers Olu Oguibe. Ein Besuch in Kassel. In: *Frankfurter Allgemeine Sonntagszeitung*, 12.8.2018, S. 38 f.

[Johann Kaspar Riesbeck:] Briefe eines Reisenden Franzosen über Deutschland. An seinen Bruder in Paris. Uebersetzt von K. R. Zweyter Band. Wien 1783

Natacha Rimasson-Fertin: „Echt hessische" Märchen? Französische Einflüsse und Motive in den Viehmannschen Märchen der Brüder Grimm. In: Dorothea Viehmann. Hrsg. von Holger Ehrhardt. Kassel 2012, S. 46–58

Max Ring: Die Brüder Grimm. In: *Die Gartenlaube* 39/1858, S. 558–563

Hans Ritz [d.i. Ulrich Eckenbrecht]: Die Geschichte vom Rotkäppchen. Ursprünge, Analysen, Parodien eines Märchens. Emstal 1981

Lutz Röhrich: Die Grausamkeit im deutschen Märchen. In: *Rheinisches Jahrbuch für Volkskunde* 6 (1955), S. 176–224

ders.: Märchen und Wirklichkeit. Wiesbaden ³1974

ders.: Metamorphosen des Märchens heute. In: Über Märchen für Kinder von heute. Essays zu ihrem Wandel und ihrer Funktion. Hrsg. von Klaus Doderer. Weinheim und Basel 1983, S. 97–115

ders.: Zur Deutung und Be-Deutung von Folklore-Texten. In: *Fabula* 26 (1985), S. 3–28

ders.: „und weil sie nicht gestorben sind …" Anthropologie, Kulturgeschichte und Deutung von Märchen. Köln, Weimar und Wien 2002

Heinz Rölleke: Die „stockhessischen Märchen" der „Alten Marie". Das Ende eines Mythos um die frühesten KHM-Aufzeichnungen der Brüder Grimm. In: *Germanisch-Romanische Monatsschrift* N. F. 25 (1975), S. 74–86

ders.: Wilhelm Grimms Traumtagebuch. In: Brüder Grimm Gedenken. Band 3. Hrsg. von Ludwig Denecke. Marburg 1981, S. 15–37

ders.: Die Brüder Grimm in Spinnstuben, dämmrigen Küchenwinkeln und an Kohlenmeilern? Oder: Über die Fragwürdigkeit tertiärer Überlieferungen. In: *Aurora* (1983), S. 160–168

ders.: Die Märchen der Brüder Grimm. Eine Einführung. München und Zürich 1985

ders.: „Wo das Wünschen noch geholfen hat". Gesammelte Aufsätze zu den „Kinder- und Hausmärchen" der Brüder Grimm. Bonn 1985

ders.: Neue Ergebnisse zu den „Kinder- und Hausmärchen" der Brüder Grimm. In: Jacob und Wilhelm Grimm. Vorträge und Ansprachen in den Veranstaltungen der Akademie der Wissenschaften und der Georg-August-Universität in Göttingen anläßlich der 200. Wiederkehr ihrer Geburtstage, am 24., 26. und 28. Juni 1985 in der Aula der Georg-August-Universität Göttingen. Göttingen 1986, S. 39–48

ders.: Von Menschen, denen wir Grimms Märchen verdanken. In: Brüder Grimm Gedenken. Sonderband 1987. Kasseler Vorträge. In Erinnerung an den 200. Geburtstag der Brüder Jacob und Wilhelm Grimm. Hrsg. von Ludwig Denecke. Marburg 1987, S. 47–59

ders.: Neue Erkenntnisse zum Beiträgerkreis der Grimmschen Märchen. In: Volksdichtung zwischen Mündlichkeit und Schriftlichkeit. Hrsg. von Lutz Röhrich und Erika Lindig. Tübingen 1989, S. 83–91

ders.: Grimms Märchen und ihre Quellen. Die literarischen Vorlagen der Grimmschen Märchen synoptisch vorgestellt und kommentiert. Trier 1998

ders.: Die Märchen der Brüder Grimm – Quellen und Studien. Gesammelte Aufsätze. Trier 2004

ders.: „Alt wie der Wald". Reden und Aufsätze zu den Märchen der Brüder Grimm. Trier 2006

ders.: Die Brüder Grimm und das Recht. In: Dunkle Mächte im Märchen und was sie bannt. Recht und Gerechtigkeit im Märchen. Forschungsbeiträge aus der Welt der Märchen. Hrsg. von Harlinda Lox, Sabine Lutkat und Dietrich Kluge. Krummwisch bei Kiel 2007, S. 109–127

Géza Róheim: Fairy Tale and Dream. In: *The Psychoanalytic Study of the Child* 8 (1953), S. 394–403

Rose Maria Rosenkötter: Das Märchen – eine vorwissenschaftliche Entwicklungspsychologie. In: *Psyche* 34 (1980), S. 168–207

Harry Rowohlt: 4. Auflage. In: Pooh's Corner. Neue Meinungen und Deinungen eines Bären von geringem Verstand. Gesammelte Werke II. Zürich 1997, S. 33–36

Friedrich Rückert: Grammatische Deutschheit. In: ders., Ausgewählte Werke. Erster Band. Hrsg. von Annemarie Schimmel. Frankfurt am Main 1988, S. 209 f.

Fr[iedrich]. Rühs: Ueber den Ursprung der isländischen Poesie aus der angelsächsischen. Nebst vermischten Bemerkungen über die nordische Dichtkunst und Mythologie. Ein nothwendiger Nachtrag zu seinen neuesten Untersuchungen. [Berlin] 1813

Miriam Saage-Maaß: Die Göttinger Sieben – demokratische Vorkämpfer oder nationale Helden? Zum Verhältnis von Geschichtsschreibung und Erinnerungskultur in der Rezeption des Hannoverschen Verfassungskonflikts. Göttingen 2007

Eckhard Sander: Schneewittchen. Märchen oder Wahrheit? Ein lokaler Bezug zum Kellerwald. Gudensberg-Gleichen 1994

Marcella Schäfer: Märchen lösen Lebenskrisen. Tiefenpsychologische Zugänge zur Märchenwelt. Freiburg, Basel und Wien 1993

Egon Schallmayer: Der Limes. Geschichte einer Grenze. München 2006

Hans-Georg Schede: Die Brüder Grimm. Biographie. Hanau 2009

[Wilhelm] Scherer: Grimm: Wilhelm (Karl). In: Allgemeine Deutsche Biographie. Neunter Band. Geringswald – Gruber. Leipzig 1879, S. 690–695

A[ugust]. W[ilhelm]. v. Schlegel: Rezension zu Altdeutsche Wälder. Hrsg. durch die Brüder Grimm. Erster Band. In: *Heidelbergische Jahrbücher der Litteratur* 46–48/1815, S. 721–766

Friedrich Schlegel: Brief an August Wilhelm Schlegel, 10.11.1810. In: Krisenjahre der Romantik. Briefe aus dem Schlegelkreis. Zweiter Band. Hrsg. von Josef Körner. Brünn, Wien und Leipzig 1937, S. 175–179

Bruno P. Schliephacke: Märchen, Seele und Kosmos. Weltschau und Sinndeutung der deutschen Volksmärchen. Prag-Weinberge ²1942

Arno Schmidt: Bargfelder Ausgabe. Werkgruppe IV. Das Spätwerk. Band 4: Julia, oder die Gemälde. Zürich 1992

Kurt Schmidt: Die Entwicklung der Grimmschen Kinder- und Hausmärchen seit der Urhandschrift nebst einem kritischen Texte der in die Drucke übergegangenen Stücke. Finsterwalde N/L. 1931

[Friedrich Jakob Schmitthenner:] Rezension zu Deutsches Lesebuch. Eine Auswahl zweckmäßiger Lesestücke, zur Übung im richtigen und schönen mündlichen Ausdruck, und zum Unterricht in der deutschen Sprache. Zunächst für die unteren Schule der Bremer Vorschule. Bremen 1821. In: *Jenaische Allgemeine Literatur-Zeitung*, October 1823, Num. 196, Sp. 126 f.

Thomas Schmitz-Albohn: Erinnerungen an das Jahrhunderthochwasser im Lumdatal vom 19. Juli 1966. In: Gießener Anzeiger, 19.7.2016, https://www.giessener-anzeiger.de/lokales/kreis-giessen/landkreis/erinnerungen-an-das-jahrhunderthochwasser-im-lumdatal-vom-19-juli-1966_17121829#

Albrecht Schöne: Vom Betreten des Rasens. Das Lehrstück der Göttinger Sieben. In: ders., Vom Betreten des Rasens. Siebzehn Reden zur Literatur. Hrsg. von Ulrich Joost, Jürgen Stenzel und Ernst-Peter Wieckenberg. München 2005, S. 112–131

Wilhelm Schoof: Jacob Grimm und Wir. Zu seinem 150. Geburtstag (4. Januar 1935). In: *Hanauer Anzeiger*, 3.1.1935, S. 5

ders.: Volk und Rasse bei Jacob Grimm. In: *Rasse. Monatsschrift für den Nordischen Gedanken* 8 (1941), S. 265–268

ders.: Ein Jude gegen Jakob Grimm. In: *Deutscher Wissenschaftlicher Dienst* 3 (1942), 5.1.1942, S. 10 f.

Gerhard Schormann: Hexenprozesse in Deutschland. Göttingen ³1996

D[aniel]. G[ottlieb]. M[oritz]. Schreber: Das Buch der Erziehung an Leib und Seele. Für Aeltern, Erzieher und Lehrer. Leipzig ²1882

[Georg Friedrich Schumacher:] Die sieben Göttinger Professoren nach ihrem Leben und Wirken. Braunschweig 1838

Herbert Scurla: Die Brüder Grimm. Ein Lebensbild. Berlin (Ost) 1985

Klaus von See: Die Ideen von 1789 und die Ideen von 1914. Völkisches Denken in Deutschland zwischen Französischer Revolution und Erstem Weltkrieg. Frankfurt am Main 1975

ders.: Die Göttinger Sieben. Kritik einer Legende. Heidelberg ²1997

Selbstmord zu Armsfeld. In: *Waldeckische gemeinnützige Zeitschrift* 1 (1837), S. 102

Hans Siebert: Was sind Märchen? Eine kurze Anleitung für Erzieher, Lehrer, Pionierleiter und Eltern. Berlin (Ost) 1952

Johannes Siebert: Sind die Grimmschen Märchen eine Gefahr für die heutige Jugend? In: *Westermanns Monatshefte* 12/1942, S. 173–175

Kai Detlev Sievers: Völkische Märcheninterpretationen. Zu Joachim Kurt Niedlichs Mythen- und Märchendeutungen. In: Homo narrans. Studien zur populären Erzählkultur. Festschrift für Siegfried Neumann zum 65. Geburtstag. Hrsg. von Christoph Schmitt. Münster 1999, S. 91–110

Ernst Simon: Zu Jacob Grimms Sprache, Stil und Persönlichkeit. In: *Deutsche Vierteljahrsschrift für Literaturwissenschaft und Geistesgeschichte* 7 (1929), S. 515–559

Kurt Simon: „Prinz Aurel" unter Panzerrädern. Rüstungsgeschäfte für Henschel „kleine Fische". In: *Die Zeit* 19/1964; https://www.zeit.de/1964/19/prinz-aurel-unter-panzerraedern

Hans Henning Smolka: Märchen und hessische Mundart. Hessische Märchen – Märchen in hessischer Mundart. In: Das selbstverständliche Wunder. Beiträge germanistischer Märchenforschung. Hrsg. von Wilhelm Solms in Verbindung mit Charlotte Oberfeld. Marburg 1986, S. 143–160

Louis L. Snyder: Nationalistic Aspects of the Grimm Brothers' Fairy Tales. In: *The Journal of Social Psychology* 33 (1951), S. 209–223

Karl Stackmann: Die Germanisten und die Brüder Grimm. In: Die Brüder Grimm und die Geisteswissenschaften heute. Ein wissenschaftliches Symposion der Brüder Grimm-Gesellschaft e. V. in der Paulinerkirche zu Göttingen am 21. und 22. November 1997. Hrsg. von Bernhard Lauer. Kassel 1999, S. 69–91

Philipp Stauff: Märchendeutungen. Sinn und Deutung der deutschen Volksmärchen. Leipzig ²1921

Reinhold Steig: Clemens Brentano und die Brüder Grimm. Mit Brentanos Bildnis. Stuttgart und Berlin 1914

[Johann Wilhelm Christian] Steiner: Geschichte des Patrimonialgerichts Londorf und der Freiherrn von Nordeck zur Rabenau. Darmstadt 1846

Bohumil Stepan: Knusperhäuschen. Ein fröhliches Aktionsbilderbuch, un-autoritär und ent-Grimm-t, mit 8 Fingerpuppen zum Ausschneiden. Köln 1971

Jakob Streit: Das Märchen im Leben des Kindes. Meiringen 1964

Tacitus: Annalen. Lateinisch – deutsch. Ed. Carl Hoffmann. München 1954

Archer Taylor: Some Trends and Problems in Studies of the Folk-Tale. In: *Studies in Philology* 37 (1940), S. 1–25

Frank Töppe: Das Geheimnis des Brunnens. Versuch einer Mythologie der Märchen. I. Band. Von Jungfern, Müttern und Tanten. Der Jüngste Tag. Die Heilige Hochzeit. Meerbusch bei Düsseldorf 1985

Hans Traxler: Die Wahrheit über Hänsel und Gretel. Die Dokumentation des Märchens der Brüder Grimm. Mit 20 Fotos von Peter v. Tresckow. Frankfurt am Main 1963; erweiterte Neuausgabe: Stuttgart 2007

Markus van den Hövel: Rezension zu Jörg-Michael Günther, Der Fall Rotkäppchen. In: *Neue Juristische Wochenschrift* 44 (1991), S. 1467

Christina Vanja: Psychiatriemuseum Haina. Haina Psychiatry Museum. Petersberg 2009

K[arl]. A[ugust]. Varnhagen von Ense: Tagebücher. Erster Band. Leipzig 1861; Zweiter Band. Leipzig 1861

Verhandlungen der zweiten Kammer der Landstände des Großherzogthums Hessen in den Jahren 1869/72. Zwanzigster Landtag. Von ihr selbst amtlich herausgegeben. Protokolle. Dritter Band. Nr. 30–48. Darmstadt 1869

Rudolf F. Viergutz: Von der Weisheit unserer Märchen. Berlin 1942

Von der Nordseeküste in die Kinderlandverschickung. 1940–1945. Zeitgeschichtliche Dokumentation. Zusammengestellt und bearbeitet von Martha Schlegel. Oldenburg 1996

Heinrich Voß: Briefe. I. Briefwechsel mit Jean Paul. Hrsg. von Abraham Voss. Heidelberg 1833

Friedrich Karl Waechter: Tischlein deck dich und Knüppel aus dem Sack. Ein neues Märchen. Reinbek 1972

Doris Wagner: Christian Friedrich Wurm (1801–1861). Freiheitskämpfer und germanistischer Querschläger. Bausteine zu einer wissenschaftlichen Biographie. Bayreuth 1996

Kristin Wardetzky: Märchen. In: Rüdiger Steinlein/Heide Strobel/Thomas Kramer, Handbuch zur Kinder- und Jugendliteratur. SBZ/DDR. Von 1945 bis 1990. Stuttgart 2006, S. 555–627

dies.: Der Märchenstreit – Nachkriegszeit und Anfangsjahre der DDR. In: Rotkäppchen kommt aus Berlin! 200 Jahre *Kinder- und Hausmärchen* in Berlin. Hrsg. von Carola Pohlmann und Berthold Friemel. Berlin 2012, S. 79–89

dies.: „… die Märchen in den Ofen feuern!" Der Märchenstreit im Nachkriegsdeutschland. In: Märchen, Mythen und Moderne. 200 Jahre *Kinder- und Hausmärchen* der Brüder Grimm. Teil 2. Hrsg. von Claudia Brinker-von der Heyde, Holger Ehrhardt, Hans-Heino Ewers und Annekatrin Inder. Frankfurt am Main 2015, S. 847–871

Karl Julius Weber: Deutschland, oder Briefe eines in Deutschland reisenden Deutschen. Vierter und letzter Band. Stuttgart 1828

Rainer Wehse: Uralt? Theorien zum Alter des Märchens. In: Wie alt sind unsere Märchen? Hrsg. von Charlotte Oberfeld. Rheine 1990, S. 10–27

Karl Weigand: Rezension zu Daniel Sanders' Wörterbuch der Deutschen Sprache. In: *Literarisches Centralblatt für Deutschland*, 25.5.1861, Sp. 341–345

Michael Wildt: Volksgemeinschaft als Selbstermächtigung. Gewalt gegen Juden in der deutschen Provinz 1919 bis 1939. Hamburg 2007

Christine Wittrock: Saubere Geschäfte, weiße Westen und Persilscheine. Die Geschichte der Seifenfabriken in Schlüchtern und Steinau seit 1825. Hanau 2002

Erich Wulffen: Das Kriminelle im deutschen Volksmärchen. In: *Archiv für Kriminal-Anthropologie und Kriminalistik* 38 (1910), S. 340–370

Ulrich Wyss: Die wilde Philologie. Jacob Grimm und der Historismus. München 1979

ders.: Versuch über Richard Wagner und Jacob Grimm. In: Ring des Nibelungen. Siegfried. Hrsg. von Wolfgang Wagner. Bayreuth 1985, S. 14–34

Eva Zimmer: Wandbilder für die Schulpraxis. Eine historisch-kritische Analyse der Wandbildproduktion des Verlags Schulmann 1925–1987. Bad Heilbrunn 2017

Jack Zipes: Mountains out of the Mole Hills, a Fairy Tale. In: *Children's Literature* 13 (1985), S. 215–219

ders.: The Brothers Grimm. From Enchanted Forests to the Modern World. New York und London 1988

ders.: The Struggle for the Grimm's Throne: The Legacy of the Grimm's Tales in the FRG and GDR since 1945. In: The Reception of Grimms' Fairy Tales. Responses, Reactions, Revisions. Hrsg. von Donald Haase. Detroit 1993, S. 167–206

Rainer Zuch: Das Bild vom Märchen. Otto Ubbelohdes Illustrationen zur Jubiläumsausgabe der *Kinder- und Hausmärchen* der Brüder Grimm 1907–1909. In: Märchen, Mythen und Moderne. 200 Jahre *Kinder- und Hausmärchen* der Brüder Grimm. Teil 1. Hrsg. von Claudia Brinker-von der Heyde, Holger Ehrhardt, Hans-Heino Ewers und Annekatrin Inder. Frankfurt am Main 2015, S. 309–322

McDonald's
Hören

Endpunkt: Herkules
Schloss Wilhelmshöhe
Wanderroute in Kassel (ohne Stadtgänge)
h t s w a l d
Fuchslöcher
554,5
Bach
Prinzenquelle
Waldschule
Kirchditmo
BAD WILHELMS-HÖHE
Neuer Wasserfall
Neuer Wasserfall-
Vorwerk Sichelbach
Sichelbach
K 6
526,0
Herkules
Schlosspark Wilhelmshöhe
Hp Kurhessen-Therme
Teufelsbrücke
Entenfang
Schlossteich
Habichtswaldklinik
Burgfeld-Krankenhaus
Christuskirche
Kleiner Steinkopf
Golf
555,0
Hüttenberg
Steinhöfer Wasserfall
Löwenburg
Pfaffenteich
Hp Wilhelmshöher Straße
Neuholland
Aschgraben
Hp Brabanter Straße
Bad
Walther Schücking Platz
Ringwall
L 3217
Drusel
532,0
Habichtspiel
Fatima Kirche
Möllersruh
Qu
L 3298
Kuhberg
Basalt
Wilhelm-Rohrbach-Platz
Fritz-Catta-Eck
Zeche Marie
Dönche
Viereckbuche
ND
Bilsteinklippen
Hoher Baum
Brasselsberg
L 3218
434,2
AT
Ringwälle
KD
Teufelsmauer
Porta Lapidaria
Bismarckturm
Brasselsberg
Dönchebach
Krebsbach
Hirzstein
502,0
Basalt
Firnsbach
Dachsberg
Sieben Teiche
Birkenkopf
K 30
Nordshausen
Eichberg
Kassel-Bad Wilhelmshöhe
68
520
Triesch
Elgershausen
Forsthaus am Brand
Brandwiesen
Schwälmerhaus
Heisebachtal